U0484302

引领胜过管教

父母轻松 孩子卓越

刘香芝◎著

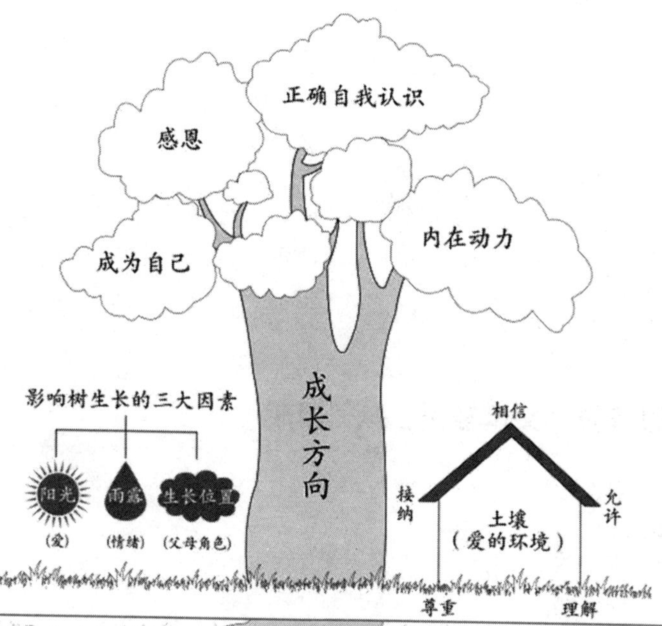

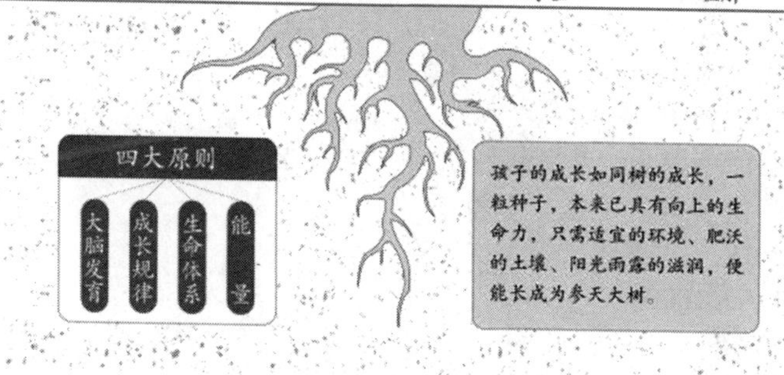

图书在版编目（CIP）数据

引领胜过管教：父母轻松，孩子卓越 / 刘香芝著 . -- 北京：华夏出版社，2019.3
ISBN 978-7-5080-9428-1

Ⅰ . ①引…　Ⅱ . ①刘…　Ⅲ . ①家庭教育－方法　Ⅳ . ① G78

中国版本图书馆 CIP 数据核字 (2019) 第 017144 号

引领胜过管教：父母轻松，孩子卓越

著　　者　刘香芝
策划编辑　陈小兰
责任编辑　陈小兰　利　敏　增　慧
责任印制　周　然

出版发行　华夏出版社
经　　销　新华书店
印　　装　三河市少明印务有限公司
版　　次　2019 年 3 月北京第 1 版
　　　　　2019 年 3 月北京第 1 次印刷
开　　本　710×1000　1/16
印　　张　13.75
字　　数　236 千字
定　　价　49.00 元

华夏出版社　地址：北京市东直门外香河园北里 4 号　邮编：100028
网址：www.hxph.com.cn　电话：（010）64663331（转）

目　录

第三部分 优秀和平庸的区别在哪里？——育子成才的方向

只有方向明确了，在养育孩子的过程中才不至于迷失、困惑、不知所措，才能让我们坚持做正确的事情，不至于浪费孩子宝贵的时间和精力，让其永远行走在正确的人生轨迹上。

第四部分 成长路上不可或缺的阳光雨露——育子成才的三大影响因素

植物的生长需要阳光雨露的滋润，否则没法生长。孩子的成长，同样需要阳光雨露的滋润。父母的爱像光，父母的情绪平和似甘露，父母对自己角色的定位会极大地影响孩子的健康成长。

序

清华大学教育学王顶明博士

香芝老师是一位优雅知性、阳光开朗、勤奋好学、乐观上进、充满教育情怀和积极能量的亲子教育专家。作为香芝老师的朋友，我有幸见证她的专业精进、家庭发展、从优秀不断走向卓越，有幸见证两个“精灵般”孩子在她的用心引领下健康、快乐地成长，也有幸成为她这本基于生命体验、充满智慧和现实指导意义的书稿的第一批读者，因此，我很乐意与诸君分享自己认真研读书稿后的心得体会。

近年来，随着经济社会发展、人民生活水平不断提高，人们对教育的诉求已从“有学上”转变为“上好学”，对教育的期盼已从单纯的学校教育转向对学校教育和校外辅导的“完美”结合。有些地方，甚至对各类教育培训机构、体育艺术特长、学科课程辅导等趋之若鹜，不少家长牺牲周末休闲只为陪孩子上辅导班、写作业。伴随着剧场效应的无声催化，这种集体“焦虑”下的盲目行动绑架了多少“望子成龙、望女成凤”的父母，使之在舍本逐末、缘木求鱼、南辕北辙的路上脱缰狂奔、疲于应战。

难能可贵的是，在这场前景令人堪忧的大范围竞赛中，有香芝老师等一批有识之士，在另辟蹊径、积极探索、且行且思、孤独求解。更令人欣喜的是，香芝老师在先后求学于海内外多位亲子教育专家的同时，结合自己养育一双可爱的儿女茁壮成长的亲身体验，以及近些年在高效快乐亲子学习营中的典型案例，把近十年来的所思所想、所感所悟浓缩升华、结集成册，分享于同道中人，以期启发诸君，造福千万家庭。

香芝老师在本书中旗帜鲜明地提出了一种全新的育儿理念、思维模式和教子方法，那就是“引领胜过管教”，“引领”以激发孩子的潜能，从平凡走向卓越；“引领”以成就幸福、喜悦的父母，建立融洽的亲子关系、家校关系；“引领”以遵循儿童身心成长规律，尊重孩子个体差异与天赋异禀；“引领”以陪伴孩子成为他/她自己，而非被“奴役”或“管教”的对象。这种更加符合孩子天性、更加适合因材施教、更利于亲子和谐的育儿理念与操作方法，岂不是每位家长都应知、应会的常识做法？

不久前，教育部、国家发展改革委员会、公安部等九部委联合出台了中小学《减负三十条》，强调引导全社会梳理科学的育儿观、教育质量观和人才培养观，从学校、校外培训机构、家庭和政府四个方面切实减轻违背教育教学规律、有损中小学身心健康的过重学业负担，以期促进中小学生健康成长。香芝老师在本书中提到的很多理念、思路和方式，都与这份减负文件不谋而合、殊途同归。比如，《减负三十条》强调“家长要正确认识孩子成长规律”、“理性设置对孩子的期望值，鼓励孩子尽展其才”、“多与孩子沟通交流，引导其勤奋学习，开朗自信、乐观向上”、“帮助孩子树立学习信心，增强学习动力”、“引导孩子合理使用电子产品”等等。

作为一名教育工作者，我在拜读香芝老师的手稿的过程中，还有几点体会。首先，本书中香芝老师从家庭教育基本原则、家庭成长环境、家庭教育理念等方面的经典案例、真知灼见，发人深省；其次，我自己也是两个孩子的父亲，在陪伴孩子的过程中也时有困惑和担忧，但更多的是欣喜和感动，因此，对香芝老师的亲身体验和个人见解感同身受、深以为然；再者，我特别感慨并钦佩于香芝老师在养育子女、陪伴孩子成长的过程中，还能挤出时间写下自己对亲子教育的精准理解和深刻洞见。

基于以上原因，我十分乐意向各位家长、朋友们推荐这本充满思想光芒、值得精心品读并付诸行动的好书。是为序。

前　言

也许从孩子一出生开始，我们为人父母者的脑子里就会出现两个字——“管教”。我们希望通过教育，让孩子知书达礼、明事理、有道德、勤奋好学、勇敢坚毅、出类拔萃……

可有趣的现实是，有太多的孩子在父母的“管教”下变得冷漠、不上进、逃学、厌学、沉溺游戏、脾气暴躁，学习兴趣、生活热情和创造力在逐渐丧失，甚至变得越来越消极……更加不可思议的是，父母跟孩子之间总是在爆发战争。结果是：父母愤怒，孩子委屈；父母心急如焚，孩子无动于衷……养育孩子变成了很多鸡飞狗跳的场景，一个又一个家庭上演着相同或相似的情景剧，养育孩子仿佛变成了很头痛、很累、很辛苦、很痛苦的工作。更为夸张的是，父母与最亲的儿女见面却无话可说，最亲的人距离很近心却很远……

为什么会这样呢？

在传统教育的影响下，家长对孩子的教育方式主要有以下几种：恐吓、威逼、利诱、打骂、指责、讲道理等。这些教育方式可以归纳为一种：管教。那管教的效果会怎么样呢？

“管教”真的有效吗？

一百多年前，伟大的思想家卢梭说过，世上最没用的三种教育方法就是：讲道理、发脾气、刻意感动。警言一直在，可这三种方法恰恰是当下许多家长最热衷运用的。“管教”并没有给孩子带来成长的力量和信心，相反，很多家庭在“管教”的作用下，亲子关系变得伤痕累累。

伟大的教育先驱蒙台梭利说：“孩子不需要被管教，管教可能在‘奴役’孩子。”蒙台梭利还说：“儿童的品格、人格、智力的形成完全依赖于他自己，根本不依赖于成人。”

现实中，“管教”让我们养育孩子很苦、很累、费力不讨好……既然如此，有没有一种更好的方式呢？

引领胜过管教

所以，我希望你跟我一起来学习一种新的养育方式——引领。“引领”来源于教练技术，教练技术是一项通过改善被教练者的心智模式来发挥其潜能和提升效率的管理技术。本书讨论的是教练技术在子女教育中的应用，具体的方式便是对话，教练只发问，不给答案，让被教练者自己去探究并最终找到答案。

“引领”是父母向孩子提恰当的问题，让孩子自己找到解决方案，这个发问的探究的过程可以让孩子的思想处于活泼的状态。思想的源头是活的，才能有源源不断的智慧产生。正如伟大的哲学家苏格拉底说：“好的教育不是给出答案，而是向别人提出问题。”

阿德勒说：“我们都能在所有人身上发现这个贯穿终身的主题：奋斗。试图从低位到高位、从失败到成功、自下而上，这种奋斗始于童年期，一直持续到生命的结束。”各位父母，没有人生下来愿意过糟糕的生活，没有人想凄惨地度过一生。每个人都拥有向上的力量，每个人都希望变得越来越好。所以，不用管教，只是引导，孩子就会成长得很好。

我是一个从事了十多年家庭教育的教育工作者，曾跟随多位老师学习了国内外优秀的家教课程，例如神经语言程序学（NLP)、脑科学、心理学、蒙台梭利教育、家庭教练、催眠、印度合一大学灵性成长课程等，阅读了教育、心理、哲学、人文、灵性成长等方面的相关书籍，结合中西方教育理念，提出“引领胜过管教”的教育理念。开办了多期“快乐高效学习营”，目前已经辅导了两百多个家庭的孩子。这些家庭中，有的孩子人际关系不好；有的学习成绩差，甚至厌学；有的不爱写作业，而且爱撒谎；有的很自卑、很胆小；有的一心只想打游戏……可是，通过“快乐高效学习营”的引领教育，孩子们都发生了天翻地覆（家长语）的变化。这让我很欣喜！所以我决定将自己育儿、执教过程中学习和感悟到的经验，分享给更多的家长朋友，于是便有了这本书。本书的目的就是要让家长放下“管教”的想法，只要教育还建立在“管教”之上，我们便很可能培养出具有“奴性”的人才，虽然可以高效率地做事，但无法培养出创造性的人才。

关于本书，你需要知道的

在任何领域，掌握该领域的基本原理都是非常关键的，教育孩子也不例外。这些原理就是老子说的“一生二,二生三,三生万物”的“一”。我希望通过从原理入手，化繁为简，让你能够轻松地掌握教育的真谛。本书共四个部分16章内容。

第一部分讲的是家庭教育中的四大原则。你将了解到人类的“三脑”是如何运作的、什么样的能量等级对教育孩子有利以及孩子的生命发展体系和孩子心理成长发展的规律。

第二部分讲的是营造最有利于孩子成长的环境，给孩子创建爱的小屋。生命体的成长依赖于环境，生长在贫瘠土地上的树和生长在肥沃土地上的树看起来是不一样的，因此，创造一个充满爱的成长环境，对孩子的发展至关重要。

第三部分讲的是如何把握教子成功的方向。例如，帮助孩子突破限制，让孩子成为自己。帮助孩子建立正确的自我认知，启动孩子的内在学习动力，让孩子学会感恩。

第四部分讲的是影响育子成才的三大关键影响因素。例如，父母应该具有什么样的教育理念，如果摆正自己的角色定位，如何处理自己的情绪。

同时，在每个章节的后面，我都分享了一个我与孩子的引领对话故事，还有我精心准备的练习和作业，希望能对你有所启发，并能变成自己的话语执行实施。

我建议你每天读一篇，写好作业和做完练习之后，合上书本，闭上眼睛，然后想象本章所列的主要小标题，这样你将会更好地理解书中的内容。每天跟孩子相处时，尽可能地应用书中学习到的内容，你将会发现，孩子成长得越来越优秀，更加主动积极地做事，而且与你越来越亲密。

让养育变成一种幸福、喜悦、成就

我有两个孩子，再加上我本身就是做儿童教育的，因此我非常享受养育孩子的过程，而且孩子成长得比我想象中的样子还要好，我每天都被一种幸福感、喜悦感、成就感所包围。如果你也想拥有这样的感觉，我深信，本书一定会支持到你。

管教是在外部施压，就像给人安装的假肢，而引领则是从内部催化。教育的最终目的是激发出人的潜能，潜能藏在内心深处，需要引领去达成。如果你希望把孩子培养得更优秀、更出色，请放弃过往的打骂、管教式的教育方法，学会去引领孩子。如果读完这本书，你也能成为孩子的引领者，那将是我莫大的欣慰。

教育孩子的路上，不管是晴是阴、是风是雨，我愿与你一路同行！

刘香芝

2018年12月12日

第一部分

教育孩子是否有章可循、有据可依?

——育子成才的四大原则

原则，就像一盏明灯，时刻指引着我们；也像一把尺子，让我们可以去检验我们的教育是否符合科学。这些最本质、最科学的原则，让我们教育孩子有章可循、有据可依。

家长行动宣言

每一个孩子都是天才，成才在于后天的培养。

教育的效果不取决于做什么行为，而取决于能量！

孩子有其自己的成长规律，正如植物的生长一样！

学会满足孩子成长的需要。孩子的需要得到了满足，成长是一定的！

生命由其内在因素组成，内在成长才是生命的成长方式！

请按科学的方式去引领孩子，从而实现最大的成长！

第 1 章

不遵循脑科学的教育是一种冒险

要想教育有效，先从了解大脑开始

每个父母都希望自己的孩子聪明，但是，聪明的大脑除了需要营养物质外，还需要满足大脑的发展需求。大脑的成长方向是从后向前（即从后脑勺到前额叶），一个成熟的大脑需要经过大约 22 年的发展，童年和青春期的主要发育过程在很大程度上决定着孩子和青少年在智力、认知、情绪和社会方面的能力，并且设定了一生的发展轨迹。因为“思想指导行为，行为产生结果”，人类的任何行为都是大脑有目的的指挥的结果。

我们去买某个电子产品，无一例外都会有一个使用说明书，但对于大脑呢，其实也有使用说明书，只是我们很多人不知道它而已。我们以为是科学家需要懂大脑科学，而我们不需要懂，其实恰恰错了，我们也有必要懂得如何正确地使用大脑。当我们能够掌控大脑的时候，大脑将被我们所用，使之变成超强工具，例如，电视节目《最强大脑》所展示的大脑功能还只是一小部分。如果我们被大脑掌控，伤害是巨大的（看看精神病患者、游戏狂、罪犯、各种上瘾者）。教育应该从懂得合理、高效地利用大脑开始，而不是我们被大脑利用。

大脑作为人身体最重要、最神秘的部分，控制着我们的一切生命活动，比如语言、活动、听觉、视觉、嗅觉、感觉、情感表达；控制着一切思维活动，例如智力、观察力、注意力、记忆力、思维力、想象力、判断力、综合分析、认识理解、社交活动等。最后，人类的大脑像计算机硬盘一样拥有强大的储存能力，大脑能储存 5 亿本书的知识。同时，研究发现，大脑有 95% 的潜藏资源有待开发，一般人对脑力的运用不到 5%。因此，科学地使用大脑是非常重要的。

三脑原理介绍

“快点睡觉吧，大灰狼来啦！”

“你不听话，妈妈不喜欢你了，妈妈不要你了！”

“不写作业，我把你丢出去。”

“这个事情很难，估计你做不了。”

“别人都能考 100 分，为啥你就不行？”

“真笨，这道题还不会做？”

“你太胖了，太黑了，长得不好看”……

80% 以上的父母都说过类似的话，从上一代的上一代开始就一直这样说，难道这有问题吗？难道不对吗？

同时，你是否困惑：孩子怎么跟你不亲？孩子怎么老是健忘？孩子怎么不愿意跟你交流？孩子怎么缺乏专注力？孩子为什么喜欢大吼大叫？孩子答应你改掉坏毛病，可过几天又在重复？孩子写作业时依赖你，自己不愿意思考？……

这一切的奥妙就在大脑，让我们一起来了解大脑的运作模式吧！

大多数人都了解左脑、右脑理论，而“三位一体的大脑”是美国国家精神卫生研究院大脑研究和行为实验室主任保罗·麦克里恩于 20 世纪 60 年代提出的假设理论。根据演化阶段，麦克里恩设想人类的大脑并非只有一个，而是三个。这三个大脑作为人类进化不同阶段的产物，按照出现顺序依次覆盖在已有的脑层之上。麦克里恩说这三个大脑的运行机制就像“三台互联的生物电脑，各自拥有独立的智能、主体性、时空感与记忆”。麦克里恩将这三个大脑分别称作爬虫脑、哺乳脑、视觉脑（参照下面大图）。

三脑结构分布

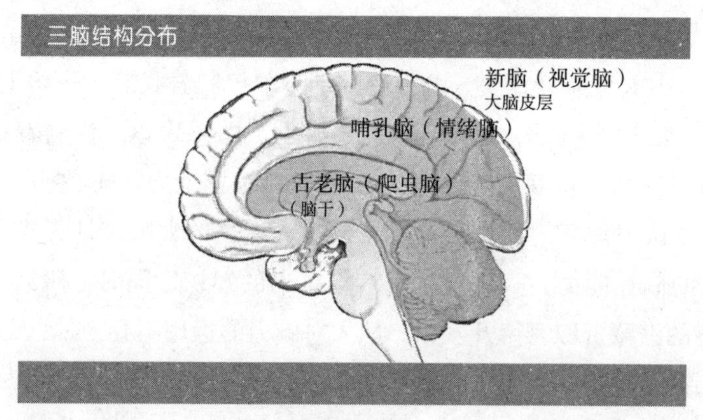

揭秘爬虫脑

爬虫脑（即安全脑）位于脊柱的顶端，是最里层、最古老的一层大脑，距今有一亿多年的历史，无论是地球上最古老的爬行动物，例如蜥蜴、蛇类，还是直立行走的人类都拥有。

爬虫脑负责安全和生存

爬虫脑掌管着我们的生存和安全，比如，当我们把手臂伸向滚烫的热水杯，我们的手只要挨着杯子，感觉到烫，手立马就会缩回，而不会把手放在杯子上想："手会不会烫坏？"我们不会这样想，爬虫脑早已经指示你把手迅速抽了回来。爬虫脑的演化是为了生存，控制生命最基本的功能，如心跳、呼吸、睡觉、繁殖、逃命等功能，而不包含感情。

恐惧会激活爬虫脑

尽管爬虫脑负责迅速反应以保证身体的安全，但它有时候会犯错，会混淆假想的威胁和现实的危险。当假想或真实的危险刺激爬虫脑，人感到恐惧时，爬虫脑会迅速夺取身体的控制权，同时作出战斗、逃跑或静止的动作，来保证身体的安全，这种情况有时候是有效的，有些情况下则是无效的，甚至会阻碍你获得想要的东西。

生命中有很多的恐惧是我们假想出来的。

我有一个特别要好的朋友，有一次一家人去海南游玩时，12 岁的儿子想去海里游泳，正好那天有点风，海面泛起了少许浪花，母亲心里想："万一孩子被大浪卷走，怎么办？"于是便极力反对儿子游泳。浅海边有不少人在游泳，儿子一遍遍请求，说了 20 分钟，母亲才同意儿子下海游泳，最后儿子在海边玩了一小时后安全地回到沙滩。其实，在海边游泳是非常安全的，首先那是划定好的且海水非常浅的安全水域，其次，有专人在高处负责游人的安全。

在生活中，有太多的恐惧是我们的头脑想象出来的，99% 的恐惧根本不会发生，剩下的 1% 的恐惧等真正发生时也并没有你想象的那样恐怖。当下次感到恐惧的时候，我们需要抽离出来想一想，这些恐惧是真的吗？是真的威胁到我们的生存了吗？这是需要引起我们重视的。

打骂教育是否有效?

太多的父母奉行“不打不成材，棍棒底下出孝子”的理念，社会上也有很多专家鼓励打骂孩子，而我是不建议父母打孩子的。我有两个孩子，没有打骂过，照样成长得很好。在我们举办的“快乐高效学习营”中，见到很多孩子，因为在家被父母打，在跟同学、玩伴发生意见分歧的时候，便也用打人的方式对待其他的孩子。相反，在家里受到尊重的孩子，在学习营中也能很好地尊重其他同学和老师。

“打”是直接作用于身体，爬虫脑感到身体受到威胁时，会直接被激活。孩子的大脑处于发展期，早期爬虫脑很脆弱，长时间生活在爬虫脑中，为了保护自己便喜欢攻击别人，或胆小怕事，遇事逃避以此来保护自己。

正如周国平所说：“我们纠正一个错误的时候却可能犯了另一个新的、更严重的错误。”相较于暴力，坚定而友好的态度更能让人改变。

一天，太阳和风在争论谁更强大、更有威力。

风说：“我来证明我更行，看到那儿有个穿大衣的老头吗？我打赌我能比你更快地使他脱掉大衣。”

于是，太阳躲到云层后面，风就开始吹起来。风愈吹愈大，大到像一场飓风。但是风吹得愈急，老人把大衣裹得愈紧。

终于，风平息下来，放弃了。然后太阳从云后露面，开始以她温和的微笑照着老人，不久，老人开始擦汗，继而脱掉了大衣。

于是，太阳对风说：“温和和友善总是要比愤怒和暴力更强而有力。”

温和比暴力更强而有力。“水能载舟，亦能覆舟”，水很柔软，舟更结实，可水的力量比舟更强大。我们举办的“快乐高效学习营”，在七天的时间里，让孩子处于轻松愉悦的环境中，孩子的爬虫脑感到很安全，同时又满足了孩子的情绪脑，孩子们便开始改变。他们敞开心扉，愿意说真话，愿意把很多的秘密分享给他人，很多父母亲从来都不知道孩子的这些秘密。你只有了解一个人想法，才能去改变他，如果一个人什么都不表达，你就无从知晓他的想法，那又怎么能去改变他？当我们了解了这些孩子的思想，知道哪些思想是积极有效的、哪些是无效的，就可以有效地纠正他无效的思想，使孩子行走在正确的轨道上。

视频只伤害孩子的视力吗？

如今很多孩子每天花大量时间面对着电视、电脑和电子游戏机，我们只看到对眼睛的伤害，而没有看到对大脑的伤害，人应该活在三维世界中，而视频是二维世界。8 岁之前应该尽量远离视频，即使看视频，也需要每天控制时长，最好在 30 分钟之内。这个看视频的时间等待得越长，对孩子的大脑发育越好。因为 8 岁之前正是爬虫脑发育的时期，爬虫脑是触觉体系，只有去触摸、去感觉、去体验、去运动，才能让爬虫脑真正成长。

怎样满足爬虫脑的需求？

当我们对孩子说“大灰狼来了”、“妈妈不要你了”等威胁性的语言时，孩子就会感到害怕，爬虫脑感到不安全，这样便违背了爬虫脑的发展需求。

爬虫脑是触觉体系，它的需求是肢体的接触和运动，多跟孩子拥抱和爱抚、亲吻以及多让孩子参加各种体育活动，都可促进爬虫脑的发育。再者需创建一个放松、自由的环境，让爬虫脑始终感到安全，这是非常必要的。否则，当爬虫脑时时受到打扰，孩子就会容易多动或注意力不集中。从生物进化的角度来看，爬虫脑出现的时间最早，与我们身体的连接最紧密，我们的行为最易受其影响。生存和安全的本能是第一位的，只有生存和安全解决了，才能谈到其他发展，所以，我们应该充分地满足爬虫脑的发展需求。

情绪脑的秘密

第二层大脑是情绪脑，覆盖于爬虫脑之上，紧紧包裹着爬虫脑。情绪脑距今已至少有五千万年的历史，它代表着大脑进化的下一个发展水平。所有的哺乳动物都有情绪脑，能把爱、愤怒、害怕等情绪带到行为中来，情绪脑给哺乳动物带来情绪化的生活。情绪脑是负责情感的，我们的情绪就是情感脑对信息进行处理并产生认识的结果。

爬虫脑和情绪脑已经有很长的协作史，它们已经发展到可以密切配合的程度，两者共同连接身体意识和情绪意识。很多家庭教育专家都讲，父母对于孩子的教育，关系重于教育！先有关系再有教育。了解情绪脑的特点，亲子沟通将变得更有效果，亲子关系也将变得更亲密。

情绪脑的特点之一是不喜欢改变

你想减肥，发誓说少吃点，可是下次看到好吃的食物，你还是忍不住多吃，这是为什么？你本来只想看半个小时的电视，却忍不住看了四个小时，这是为什么？你每次发完脾气就自责，告诉自己下一次一定要控制情绪，可还是一次又一次地抑制不住自己的情绪，这是为什么？很多事情你明明知道应该去做，可却没有付诸真正有效的行动，这是为什么？

这是因为情绪脑不喜欢改变，它喜欢让事物维持原样，如果你不知道怎么破除情绪脑的这种模式，却希望自己和孩子有全面的改善，这基本是不可能的。

情绪脑的特点之二是喜欢温柔的语音、语调，好听的话语

想象一下，当一个人对你大吼大叫，而另外一个人却对你说话特别的温柔，你更喜欢哪个人呢？你愿意听哪个人说话呢？情绪脑是听觉体系，喜欢轻柔的语言，同时它渴望被尊重、被接纳、被欣赏、被肯定、被需要、被爱。

有一个人在家里制作了一个机器人，机器人承担了家里大大小小的事情，主人只要一按按钮，它就会按照主人的要求去做事情。一开始主人很高兴，可是慢慢地，主人觉得不满意了。主人买了一只会说话的鹦鹉，虽然这只鹦鹉整天在笼子里什么也不干，可是它会逗主人开心。它跟主人学说：我爱你。看到主人情绪变化，鹦鹉会说：哦，伤心了？可以跟我说说吗？这只鹦鹉不知不觉成了主人的新宠，机器人感到非常难过，它不明白自己为什么会被冷落，它还是忠心耿耿地承担着家里所有的事情，把家里打扫得很干净。可是，主人除了给它设置程序外，竟然懒得正眼看它。终于有一天机器人憋出一句话："为什么我这么能干却讨不到你的欢心？"主人吃了一惊，这才发现机器人竟然也会讲话，主人说："因为你只知道干活，却不会说好听的。"

鹦鹉满足了主人的情绪脑的需要，所以主人非常喜欢它。

情绪脑的特点之三是考虑问题只有两种方式

情绪脑没有多种可能性，它考虑问题的方式只有两种：对或错、好或坏、是或否。很多人的世界里，只有是或否、对或错、黑或白之分，没有灰色地带和阴影地带，黑就是黑、白就是白。其实很多人可能不知道，黑白之间还有 256 种颜色。如果你是一个凡事都喜欢评判对与错、是与非的人，那么，你人生的大部分时间都活在情绪脑中，很难取得人生的大成功。

父母怎么说孩子才会听？很简单，就是满足孩子的情绪脑。不知大家有没有听过催眠的语言，都是非常温和的语言，让人放松，人便进入催眠状态，便可轻松地把要植入的信息植入进去。如果一跟孩子说话就很大声，甚至吼叫、呵斥，孩子的情绪脑便产生不愉悦、害怕、排斥感。同时它进行判断，感到孩子不喜欢，于是情绪脑便阻止孩子做出改变，家长希望孩子改变的想法就会落空，双方的沟通自然就没有效果。

不当的负面语言是另外一种暴力

曾经看过中央电视台播放的关于语言暴力的短片，该片讲述了六个真实的少年犯的故事。他们因为不同的犯罪方式进入看守所，彼此却都有一个共同的经历：童年均遭受过语言暴力，而正是这些语言最终变成了犯罪凶器。看视频中采访这些孩子们时，孩子们听的最多的就是"别人家的孩子怎么好"、"你真让我丢人"、"你怎么这么蠢？"……好多父母都说过这些话，父母很少意识到，除了身体暴力，语言也能成为暴力。

因为这些负面的语言，情绪脑常处于不被满足的状态，打个比喻，就像一个人天天处于饥饿状态，怎么有力量去做事、去改变呢？哈佛大学医学院马丁泰彻博士发现，言语侮辱会造成孩子的大脑"损伤"，言语暴力最容易影响的大脑区域分别是：胼胝体（主要负责两个大脑半球间传递动机、感觉和认知信息的区域)、海马回(负责管理情绪的大脑区域)、前额叶(负责思考和决策的大脑区域)。当环境充满压力，人类的大脑为了调整状态适应环境，会转换为“求存模式”。当一个人只能求存的时候，他就会谨慎、胆小、倾向于讨好他人、暴力相向等。

美国著名儿童心理学家曾就父母的批评是否对孩子成长有所影响进行研究，他举出了一些使孩子产生痛苦感觉和破坏性的话语：

1. 使用难听的字眼(如：傻瓜！骗子！不中用的东西！废物！)；
2. 侮辱(如：你简直是个饭桶！垃圾！废物！跟你那死爹一样！)；
3. 非难(如：叫你不要做，你非要做，真是不可救药！)；
4. 压制(如：强词夺理，我不会听你狡辩的！)；
5. 强迫(如：我说不行就不行！你还敢顶嘴！)；
6. 威胁(如：你再不学好，妈妈就不爱你了！滚出去！)；
7. 央求(如：我求你看一会英语吧，儿子！)；
8. 贿赂(如：只要你这次考100分，我就带你出去旅游！)；
9. 挖苦(如：洗碗，你就打碎碗，真行，以后还想做大事，做梦去吧！)。

这些话语说出来，试问一下，你们感到舒服吗？不舒服，对吧？为什么不舒服？因为情绪脑不喜欢这些话语。

老公回来晚了，有很多做妻子的会说：“你怎么回来这么晚啊。每天都弄得这么晚，烦不烦人啊！”当我们今天知道要去满足对方的情绪脑时，我们应该怎么说呢？我们可以说：“老公，我需要你，我想你陪我，所以下次你能不能早点回来啊？”听到这些话语，你的大脑是不是特放松？心情是不是很爽？

如何满足情绪脑呢?

当我们对孩子说：“这个事情很难，估计你做不了。”当孩子听到这样的话语，包括本章开头的那些话语，孩子就会感到不被认可，情绪脑接收到这个信息，情绪脑的需求就不会被满足。

那应该怎么说呢?

用甜言蜜语表达。生活中很多人是“爱在心里口难开”，你不表达谁知道！当然表达爱的方式不止语言一种，可是语言是最直接、最方便的表达方式。每个父母都真的爱自己的孩子，既然爱，就要公开且及时地去表达，及时表达自己对孩子的爱的感受。

父母要去满足孩子的情绪脑，让孩子感受到满满的爱，给孩子创建一个充满爱的成长环境（第二部分会详细阐述），否则，孩子很容易陷入情绪中又不知如何转化，加上父母教导说负面情绪是不好的，孩子又想摆脱负面情绪，这样孩子的内心就充满了斗争、迷惑、焦虑、恐惧，整个人的注意力、生命力、精力便被干扰，长时间活在情绪脑中，就会影响视觉脑的发育，即智力发展。

不可思议的视觉脑

视觉脑是最年轻的大脑，只有 250 万年的历史，是我们人类独有的大脑。视觉脑掌控着大脑绝大部分的智力，拥有 16 万亿相关联的神经元。最重要的功能包括语言、逻辑分析、分类整合、推理辩论、创新发明、执行策略与决策、综合统筹等，也称智慧的大脑。

开启视觉脑需要大量的想象

视觉脑的体系特征是想象和思考，聚集于未来，比只靠惯性情绪支配的大脑灵活一千倍。值得注意的是，只有保护爬虫脑，满足情绪脑，视觉脑才会被开启。一个人的智慧、动力都来自视觉脑，因此，滋养孩子的想象力和思考力是家长的重要工作之一。

哈佛大学曾做过一项研究，证明想象练习对改进投篮技巧的效果。实验将学生分成三组：第一组学生在 20 天内每天练习实际投篮；第二组学生在此期间不做任何练习；第三组学生每天花 20 分钟做想象中的投篮。后来根据比赛得分统计出的结果表明，第一组进球增加了 24%，第二组毫无进步，第三组进球增加了 26%。

查尔斯·加菲尔德博士曾研究过很多竞技运动员和伟人，发现他们中的很多人都擅长用视觉脑来进行心灵演练。兰斯·阿姆斯特朗，是一个自行车选手，他想成为世界上最优秀的那一个。但他在训练的时候被突然诊断出罹患某种疾病，而且只有 40% 的存活率。他在接受治疗的时候，每天都在脑中想象着他是如何在参加训练以及无数次想象参加计时赛，而且成绩越来越好。一年后，他赢回了自己的健康，赢得了环法自行车赛，而且是连赢七年，成为历史上唯一达到如此成就的自行车手。

知道爱因斯坦是如何发现相对论的吗?他曾说对他帮助最大的是视觉想象，他能够在脑海中想象自己“骑着光束飞行”的场景。因此，爱因斯坦曾说过，想象力比知识更重要。

滋养孩子的想象力最好的方式就是做游戏、阅读、讲故事、绘画、音乐。

开启视觉脑需要大量的思考

爱因斯坦在1921年获得诺贝尔物理学奖后首次到美国访问，有记者问他:“爱因斯坦先生，声音的速度是多少?”爱因斯坦拒绝回答，他说:“你可以在任何一本物理书中查到答案。”接着他又说:“大学教育的价值不在于记住很多事实，而是训练大脑会思考。”

滋养孩子的思考力最好的方式便是向孩子提问题。当孩子向你提问题时，不要急于回答孩子，标准答案只能培养标准笨蛋，而应以问题的方式去启发孩子思考。

如何让孩子成长与改变——给孩子创造清晰的画面

一个画面远胜千言万语

维克多·弗兰克是个著名的作家，著有《追寻生命的意义》一书，二战时期曾在集中营里生活长达四年。想象一下这个场景：铁丝网围起来的二英亩大的空地，很多小屋子，看守的士兵手持冲锋枪，准备射杀每个走近围墙的人。在这种环境下，人很容易有自杀倾向。维克多·弗兰克向自己发问:“我怎么找到生活的意义?即使是在这里!”他把这个问题清晰地传达给了监狱里的其他同伴，直到一群有着相同目标的人组成了一个内部团队。他们仅仅通过意愿向彼此保证，集中营终会解散，他们的经历会变成对自己和他人有价值的事情。他们开始宣称要找到一种方法，可用以使这种方法获得的体验不仅对自己也对所有人类都有意义。

> 他答应帮助他人完成这个任务。一天接着一天，一周接着一周，他和所有同伴都做到了。他们会在晚上聚在一起，和每个有自杀倾向的人谈话。他们会问每个人：什么能鼓舞生存的斗志，即使在恐怖和绝望之中？他们一遍又一遍地问这个问题。他们围坐在一起，讨论自己的愿景，重建生活的目标，然后共同承诺要实现目标。狱中的每个人，在他们的帮助下，最终都找到了自己最关键的人生目标，并将实现目标作为合约去执行，不管生活多么残酷，都勇敢地生存下去。

在残酷的监狱中，一个视觉化的愿景让狱中的人们坚强地生存下来，问题来了，为什么现在条件优越很多的孩子们却没有动力呢？

对意义的寻求是人的最基本的需要，当这种需要找不到明确的指向时，人就会感到精神空虚，弗兰克称之为“存在的空虚”。这种情形普遍存在于当今孩子的身上。孩子看不到未来，看不到那个吸引他的画面，便不会去思考要如何达成，因此也失去了前进的动力。譬如登山，是因为想看到山上的美景，起了登山的念头，然后才一步步走上去，最后才会到达目的地。如果不想看山上的风景，根本就不会去登山。

再举个生活中的例子。当女人去买衣服的时候，店家都会让你把衣服穿上，当你穿上衣服，在镜子前看到衣服合身、漂亮，你就有想买的冲动，这是因为你看到了镜子中漂亮的自己的画面。用视觉性的画面去驱动孩子的行为，比你说一千遍一万遍要有效，更重要的是，你说得越多，孩子越反感。请给孩子创建一个未来愿景的画面，这个画面越清晰，孩子实现的动力也将越大。

你给孩子创建了未来的愿景吗？你给孩子创建的愿景是否有效？孩子想到那个愿景是不是就有动力呢？大多数父母给孩子创建的愿景是不符合视觉脑的，使用的都是负面的语言，例如你不好好读书，将来就找不到好工作；你不好好读书，长大后会没出息。大脑喜欢正向、积极的语言，当我们用正向、积极的语言时，三脑便和谐一致，身心合一，大脑将被高效利用。

滋养孩子大脑的发育需求，发挥出大脑的最大潜能

大脑的发展奠定人一生的脑力基础。所有孩子的行为，例如上瘾、错乱、急躁、注意力不集中、学习力不强、记忆力不佳、语言表达力不强、想象力不佳等都是因为孩子的大脑发育没有得到满足。爬虫脑渴求安全；情绪脑渴求被爱、被接纳、被尊重、被肯定、被信任、被理解；视觉脑需要想象和思考的滋养。身体的发育需要食物，大脑的发育需要正向、积极的语言。每一个孩子生下来都是天才，只是有很多不遵循脑科学的父母亲，做了很多违背大脑的教育，慢慢地把孩子培养成了庸才，到头来又责怪孩子不争气。每一位父母都应该不断地去滋养孩子的大脑需求，这样孩子的大脑将能够健康发展，发挥出最大潜能。

引领故事：分数，带给我们什么？

2018 年五一节期间，我代孩子向学校请了 3 天假，凑成了 8 天假期，然后带他去三亚旅游。返回后上学的第二天，学校立马进行语文和数学的期中考试。结果儿子数学考了全班第一，99 分，语文考了 90 分。接他放学的路上，儿子说：“妈妈，语文考得不太好。”他的口气中有小小的沮丧。

我说：“90 分已然很好，难道你认为不好吗？”

儿子说：“那倒没有，只是觉得应该可以更高点分。妈妈，难道你就没有一丝丝难过？”

我说：“为什么要难过？分数只是代表这个阶段你掌握的知识情况，不是吗？”

儿子说：“是吗？”

我说：“100 分就很好，90 分就不好吗？ 90 分有 90 分带给我们的意义。90 分，是要给你一个提示，提示哪些知识点没有被掌握，没有弄懂。当知道不懂，我们想办法去弄懂它，而不是陷入情绪中，你说呢？

我接着说：“有失误才有进步，有失误才能总结经验。考 100 分，好多人以为全会了，可是知识无涯，你觉得是未知的东西多还是已知

的东西多？”

儿子说：“妈妈，那当然是未知的东西多，譬如关于宇宙，到现在为止，好多东西都是谜。可是，班上好多同学的父母都非常在意自己孩子的成绩，孩子成绩不好还会挨打，有些同学一考试就紧张。”

我说：“嗯。我才不打你呢！我看我的儿子哪里都很好，哪儿都满意。对于你，除了爱，就是爱。”

儿子哈哈大笑。

我说：“儿子，想一想，10 年以后，你都 20 岁了，那时候你会变成什么样子？”

儿子说：“妈妈，那时候我会变成一个帅小伙，阳光、正能量、幽默，而且已经考上我心仪的北京大学。”

我说：“嗯，如果你考上了你理想的大学，你心中会是什么感受？”

儿子说：“成就、幸福、喜悦。”

我说：“儿子，祝福你，你一定可以实现的。”

作业

1. 觉察一下你今天说话的时候有哪些是负面的语言，并把它们记下来。

2. 把这些负面的语言转换成正面的语言。

3. 想一下，你们家庭的共同愿景是什么？

4. 想一下，你平时是怎么满足情绪脑的？你是批评和指责多于肯定话语吗？你用哪些话语批评孩子？

5. 想一下，你平时是怎么滋养孩子的想象力和思考力的？

练习

跟孩子一起互相进行心灵演练。想象一场盛大的庆功宴正在召开，你是主角，所有人来祝贺你，你希望听到别人怎么评价你？你希望自己有怎么样的贡献和成就？你会对自己说些什么？试着写下这些想法，越具体越好。

第 2 章

错误的教育比不教育更可怕

错误的教育比不教育更可怕

我们一直活在能量的时代。爱因斯坦相对论中的质能关系式$\Delta E=\Delta mc^2$告诉我们，物质的质量是能量的一种表征形式，物质即能量，宇宙的不同层次中，各种物质状态的维持依靠的是能量。现代量子力学表明，宇宙间万物都是由能量组合而成的，从能量的角度来分析更接近本质，一切都靠能量的振动而运作。能量状态决定事情的结果，教育孩子不能不懂能量运作的基本原理，否则做了大量的教育工作，却还会出现南辕北辙的结果。卢梭曾有言："错误的教育比不教育更可怕。"

霍金博士 20 年临床实验发现的秘密

美国心理学家大卫·霍金博士运用人体运动学的基本原理，经过二十年的临床实验，随机选择测试对象，这些测试对象遍布世界各地，属于不同种族。他利用成百上万条数据，经过精密的统计分析之后发现，人类各种不同的意识层次都有其相对应的能量指数。人类的情绪即能量，情绪即吸引力，人类的能量指数随情绪波动而变化。他把能量层级分为十七个等级（见下图）。以勇气为基准划分为高能量区和低能量区，勇气之上的八个层级的意识状态，提供动力和源能，称为高能量状态；勇气以下的 8 个层级，提供压力和阻力，称为低能量状态。

什么是高能量状态？不同的情绪有相对应的能量等级。当一个人处于害怕、担心、焦虑、烦躁等低能量状态时，他的工作效率、创造力和学习力是非常有限的。你有没有碰到过这样一种情况，你想策划一个方案，你越着急越写不出来，当你处于轻松、喜悦、平和的高能量状态时，就容易文思泉涌、一气呵成。能量状态越高，做事的效率就越高，成果也越好。

在物理世界，频率的一致被称为共振引导现象，当类似的信号适合，它们会以相同的频率振动，也因此产生“吸引”的感觉，这是相称的能量。宇宙间运作的规律就是吸引力法则，即同频共振，同质相吸。1665 年，荷兰科学家霍金斯提出了“共振原理”，一个大的韵律的振动投射到另一个有相对应频率的物体上，振动韵律弱的物体由于受到相对应频率之周期性的刺激，因而与较强的物体产生共鸣而振动。霍金斯在房间里并排放置频率相同、速率不同的老爷钟，然后走出房间，第二天回来时发现，老爷钟的钟锤皆以同速率同步摆动，其后许多人相继重复此钟锤实验，屡试不爽。

吸引力法则反复强调，相同的频率会吸引相同的人事物，即你处于怎样的状态，就会吸引与你匹配的人事物来到你身边。如果你很快乐，而且持续感到快乐，那么，只有快乐的人事物才能进入你的生命。如果你觉得

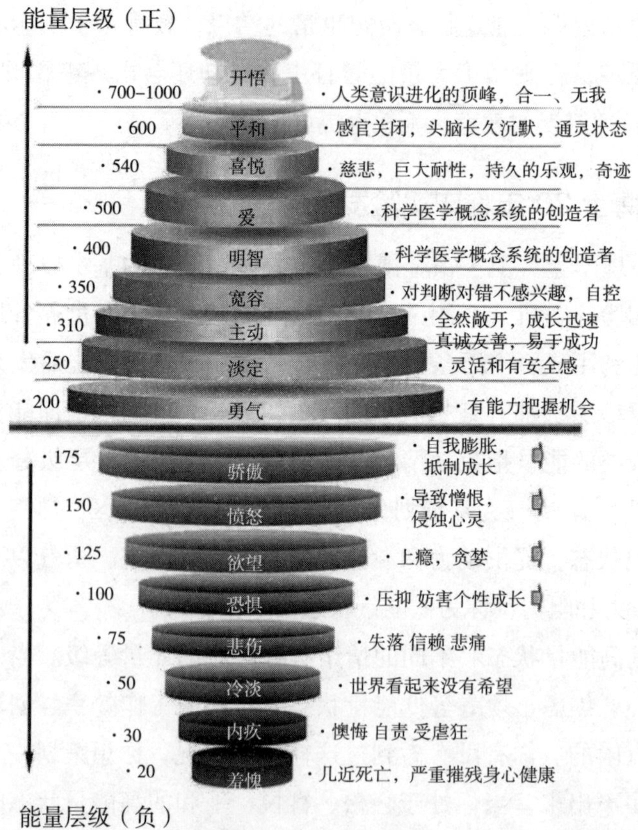

有压力，而且一直感受到压力，那么，只会有更多的压力通过各种人事物进入你的生命。要逐渐意识到，你生活的这个世界是什么样，取决于你的思想。伟大的罗马哲学家马可·奥勒留说过：“一个人的思想造就了这个人的生活。”

你一定注意到了，同样的事情，不同的人做结果会完全不同。同一句话，不同的人说感觉完全不一样。决定事情结果的不是事情本身，甚至不是做事的方法，而是做这件事的人的能量状态。

当我们还是婴儿的时候，我们纯真、信任，自然会去爱，生机盎然，没有保护层，没有认同，没有姓名，没有地址，我就是我。在婴儿状态时，孩子都是活在 500 以上的能量层级中，充满爱、喜悦、和平。全天下的父母都爱自己的孩子，希望把一切好的给孩子，只是这些“好”有可能不是真的“好”。我们给了那么多的“好”，为什么孩子不如我们想的那样呢？为什么孩子不思进取、懒惰呢？为什么孩子注意力不集中、学习力低下甚至厌学呢？为什么孩子冷漠、自私呢？为什么孩子只能赢不能输呢？为什么孩子容易发脾气呢？背后的原因在于能量。我们一起来看看能量如何在我们的生活中运作。

孩子会“知耻而后勇”吗？

太多的父母喜欢说：“我怎么会生出你这种小孩？”“你很没用！”“这么简单，为什么你不会？”“字写得丑，人就长得丑！”“我不是教过你了吗？”“你怎么这么笨”……

当我们这样说的时候，我们希望孩子感到羞愧，然后便能奋发图强，所以孟子云：“知耻而后勇。”事实真是这样吗？

高尔夫在《羞耻心》一书中说：“羞愧感是一种灵魂的病，是对自我产生的最尖锐的痛苦之感。它或许出现在我们受到羞辱而呈现怯懦或挑战失败时，羞愧的心情是一种内心的伤痛，将我们与别人隔离开来。”

他认为羞愧的心态否定完整的人性，是许多心理困扰的起源，例如抑郁症、偏执、强迫症、精神分裂、完美主义、自卑、孤僻、洁癖等，皆有羞愧的心态在作祟。

三毛的故事就是一个典型的案例。

初一的时候，老师说：“再痴迷闲书，就要留级了。”为了考好数学，三毛开始寻找窍门，最后她发现，老师出的考题，几乎都是课本后面的练习题。

于是她拼命琢磨、背诵课后的练习题。之后六次小考，三毛都得了满分。老师便怀疑三毛考试作弊。一天，她把三毛叫到办公室，丢给她一张试卷："十分钟做完。"三毛一看全不会，原来全是初三的考题。最终，她考了零分。第二天，上数学课时，老师把三毛叫到讲台上，说："陈平同学喜欢吃鸭蛋，今天我请她吃两个。"他用毛笔蘸满墨汁，在三毛眼睛周围画了两个大圈。在其他同学的哄笑声中，三毛的天空塌了。

三毛说："从此我就得了自闭症。"她再也不想去上学了，一有机会就逃学到坟场游荡。

请问一下，你为什么想让孩子羞愧？你是希望孩子感到羞愧，从而有勇气改正缺点、实现成长？但是羞愧直接拿走孩子的勇气，在羞愧中，人恨不得找个地洞钻进去，恨不得隐身，让别人看不见自己，哪里还有心思想着去改变？极端的羞愧，是想否定自己的存在，常常导致人们的自杀。所以，教育孩子要的不是羞愧，而是勇气，勇气是200的能量层级。下次当孩子做错事情的时候，我们要的不是批评、指责、打压，而是要与孩子一起去探讨，这个地方没做好，下一次如何改进，找到改进的方法，不仅让孩子知道错的地方，同时也找到改进的方法。这样才是真正的成长。

歌德说："你若失去了财产，你只失去了一点；你若失去了荣誉，你就丢掉了许多；你若失去了勇气，你就把一切都丢掉了。"

内疚会让孩子变得更好吗？

太多的父母喜欢说："都是为了你，我才没有和你爸爸离婚！""你不好好学，对得住我吗？""你让我很失望！""考这种分数，给你上那么多课都白上了"……

当我们这样说的时候，我们希望孩子感到内疚，从而改正不好的习惯。事实的真相是怎样的呢？

曾经看过一部美国片子，故事讲述的是一个小男孩和爸爸外出，爸爸出了车祸去世，导致小男孩认为是自己的要求导致父亲的意外身亡。尽管小男孩在车祸中并没有受伤，但是他的腿从此瘫痪了，一直坐在轮椅上。直到有一天，圣诞天使来到他家，向他解释了父亲的车祸与他无关，他的腿才恢复了正常行走的能力。

内疚导致的罪恶感对一个人一生的影响非常大。试想一下，这个也错，那个也错，你的整个生命都是由内疚组成的，你怎么可以变得喜悦、快乐呢？内疚让人沉迷于过去，想弥补过去曾犯过的错误，却忘了过去是无法弥补的，你变得很沉重，像背了一个包袱，压得你透不过气来。可以说，在所有的情感中，内疚感和罪恶感是最具杀伤力和毁灭性的情感，让人感到生命的沉重和绝望。

我们让孩子内疚，其实是希望孩子能够改正错误，殊不知，当孩子犯错时，父母责罚，孩子就会想“你都已经责罚我了，我们已经扯平了”。于是，错误继续犯，甚至孩子觉得自己老是犯错，会怀疑自己这个人是不是很笨。一旦孩子相信自己笨，就更没有改变的力量了。相反，做错事情后别人对你宽容，你的心里便会想：“他对我那么好，我不能辜负他，我一定要改正毛病。”

宽容让人改变

一天，七里禅师正在禅堂的蒲团上打坐，一个强盗突然闯出来，把又明又亮的刀子对着他的脊背，说：“把柜里的钱全部拿出来！不然，就要你的老命！”

“钱在抽屉里，柜里没钱。”七里禅师说，“你自己拿去，但要留点，米已经吃光，不留点，明天我就要挨饿了！”

那个强盗拿走了所有的钱，在临出门的时候，七里禅师说：“收到人家的东西，应该说声谢谢啊！”

“谢谢。”强盗转回身，心里十分慌乱，这种从来没有遇到的现象，使他失去了意识，他愣了一下，才想起，不该把全部的钱拿走，于是，他掏出一把钱放回抽屉。

后来，这个强盗被官府捉住。根据他的供词，差役把他押到七里禅师的寺庙，去见七里禅师。

差役问道：“多日以前，这个强盗来这里抢过钱吗？”

“他没有抢我的钱，是我给他的。”七里禅师说，“他临走时，还说了声谢谢，就这样。”

这个强盗被七里禅师的宽容感动了，他咬紧嘴唇，泪流满面，一声不响地跟着差役走了。

在服刑期满后，这个人便立刻去叩见七里禅师，求禅师收他为弟子，七里禅师不答应。这个人就长跪三日，七里禅师终于收留了他。

教育孩子要的不是内疚，而是淡定、宽容，淡定的能量层级是250。当孩子犯错时，告诉孩子："犯错很正常，是人就会犯错。"我经常跟孩子讲我做的傻事、蠢事，逗得他们哈哈大笑。然后，我便会跟他们分享在那些傻事中我学习到了什么经验、得到了什么启发，让孩子们从小就明白，每一次错误都是一次成长的机会。

孤立和冷漠能不能让孩子改变更快？

太多父母喜欢说，"被老师罚，活该"、"你别想我会帮你"、"你没那个天分，做不了"、"这种成绩你没救了"……

有没有过这样一个场景，孩子在房间玩耍，你收拾完厨房，又去打扫客厅，到房间又看到孩子把玩具撒满了每个角落……于是，你默默地板起脸，闷闷不乐，任凭孩子怎么呼喊你，你都不回应。

孩子在路上想让你抱，你认为应该让他独立自主，你一个劲地往前走，任凭小孩在后面哭着追你，喊"等等我"，你的脚步依然没停下来。

夫妻之间吵架了，你正在气头上，孩子来找你玩，你爱理不理，甚至不耐烦地说："走开，我很烦。"

……

我曾经看过改编自王朔的《看上去很美》的电影，描写的是二十世纪六七十年代的孩子在幼儿园的生活，影片的主人公叫方枪枪。给我印象很深的一个镜头是，因为方枪枪跟别的同学发生了争执，然后园长和老师把他关在一个屋子里，还对其他小朋友说，大家都不能理他，要把他孤立起来。几十年过去了，教育还是没太大的变化。父母对孩子实施冷暴力，想让孩子改变和成长，可事实的真相是怎样的呢？

当父母或老师对孩子冷漠时，孩子不知道自己做错了什么，但他又能觉察出氛围不对，随之会产生焦虑和不安。无法取悦你，孩子便会产生深深的挫败感和遗弃感。孩子的内心会产生一个想法："你们都不要我了，肯定是我不好。"

不是说真的把孩子遗弃，而更多的是心理上的遗弃。当孩子产生了被遗弃感，便会感觉生存受到威胁，感到极不安全，这让孩子变得察言观色，讨好别人，或者变得自闭或内向来保护自己，甚至变得攻击他人。常常有被遗弃感的孩子，时间长了便没有存在感，会认为自己没有必要活在这个世界上，内心感到很无助。

心理学家说，如果一个人幼年时期的心理需求（安全感和爱）没有得到满足，他自我的一部分会永远卡在那个地方，并在未来的一生中不断地寻求补偿。虽然长大成人，内心却永远是个饥渴的孩子，这个心灵的黑洞促使他强迫性地去追求更多的爱、注意、赞美、饮食、金钱、权力、性……

更可怕是，当我们用这种冷漠的态度来对待孩子的时候，孩子自然而然也学会用这种方式去对待他身边所遇到的人事物。曾经看到一个新闻，在河南南阳通往社旗县的一辆大巴车上，一名 22 岁的女孩子遭遇一名王姓男子的猥亵，在女孩反抗并向大巴车司机胡某求救且要求其报警时，该司机无动于衷。更令人气愤的是，车上坐满乘客，却无一人站出来帮助女孩。这类新闻，不是第一次报道。孩子是社会的未来，一个没有爱意的社会会变成什么样？我不敢想象，书中描述的人间地狱应该就是那样吧。

斯坦福大学曾做过一项"受创伤的治疗者"的研究，来比较两组心理学家的治疗效果。其中一组以冷漠、超然的态度面对病人，绝口不提自己内心的事情；另一对照组则与病人分享他们生命中面临的困境和创伤。结果第二组的病人的疗效最显著。

教育孩子要的不是冷漠，而是主动，主动的能量层级是 310。我们要给孩子做好榜样，遇到问题时主动、积极地去解决问题。在我家，孩子犯错或哪个地方没做好，我不会对他们置之不理或者用冷脸对他们。我会如实地告诉他们，你们哪个地方没有做好，我觉得心里不舒服，希望现在可以去做。孩子生下来便希望讨得父母的欢喜和爱，只要你明确地表达，孩子都会想办法去做好的。

要确保跟你沟通过的人，在离开你时，比刚见到你时更高兴。

——特蕾莎修女

哭是软弱吗?

很多父母喜欢说:“哭什么哭，这个还值得哭”“你再哭，我就不管了！”“这么点小事，还值得伤心”……

太多的父母不允许孩子悲伤，孩子一哭，我们立马阻止、打断、恐吓或利诱。我们受“男儿有泪不轻弹”、“哭是软弱无能”的观念的影响，可事实的真相是怎样的呢?

人类的法宝

亚当和夏娃偷吃了禁果，上帝震怒，要把亚当和夏娃赶出伊甸园。亚当俯身看大千世界，看到万千磨难、险象环生，怕自己和夏娃在人间凄苦、煎熬，恳请上帝慈悲，送他们几样法宝。上帝想了一下说:“好吧，就送你们两样东西吧，一个是休息日，另一个是眼泪。”于是亚当和夏娃带着上帝送的最后礼物，从温暖、美丽的伊甸园坠入水深火热的人间。

眼泪是人类的法宝，哭泣是完全可以的，悲伤也是完全可以的，悲伤是很自然而正常的情感。允许孩子去悲伤，去哭泣，让他完整地去体验他的悲伤。如果情绪没有被完整地表达出来，这些负面的情绪会残留在细胞之内，一点点累积，最后变得欲哭无泪甚至生病。

我儿子超级喜欢猫。2018 年 1 月份的时候，我们便养了一只猫。猫在屋里把沙发、凳子、窗帘、壁纸都不同程度地抓坏，最后不得已，只能把猫送回老家。当与猫分别时，10 岁的儿子哭得很厉害，我便拥抱着他、陪伴着他，对他说:“想哭就哭吧，跟心爱的猫分开，你悲伤是很正常的一件事，痛痛快快地哭。”

哭了十多分钟，他安静下来，然后我说:“悲伤来到你的身边，它是想提示你什么样正面的意义呢？”

儿子沉默了。

我说："你失去小猫了悲伤，如果你失去了其他你爱的东西你会不会悲伤？"他说："会呀。"

我说："那是不是告诉你更应该珍惜现在拥有的。你现在拥有生命、亲人、朋友、同学，还有大自然的各种美景以及这样好的物质生活，一旦失去后你也会跟现在一样悲伤。"

如果你愤怒，你就呐喊；如果你悲伤，你就哭泣；如果你快乐，你就欢笑。

——毕淑敏

当孩子悲伤时，父母不要呵斥孩子或转移孩子的注意力，让孩子尽情地体验悲伤的情绪，体验够了，孩子自然会恢复心情的平静。待到孩子平静后，引导他去了解负面情绪背后的正面意义（参见第16章《父母怎样保持内心平和，提高孩子情商？》）。

是消除恐惧还是增加恐惧?

父母喜欢说："听话，爸爸妈妈才会喜欢你""快一点，我数到三，否则我不管你""你就一个人留在这里反思吧""要做个乖孩子，这样别人才会喜欢你""我再也不管你了，随你便好了"……

斯波克博士说，所有的孩子都会有恐惧心理，因为世界上充满了他们不知道的事物。孩子3～6岁时会出现恐惧的心理现象。我家闺女3岁半的时候，恐惧的现象尤其明显，经常会说："妈妈我害怕。"我问她怕什么，她说："怕鳄鱼，怕鬼。"而且在运动中，稍微高一点，她也害怕。可见，孩子天然与恐惧有着不解之缘，而我们教育孩子的时候，还会经常去恐吓孩子，不断地给孩子制造恐惧，希望恐惧能让孩子改变和成长，那么，事实的真相是怎样的呢?

为了寻找心理状态和肉体之间的联系，美国心理学家塞利格曼进行过一次实验，现在来看这个实验过程违背了道德和人权。实验对象是一名死刑犯，研究人员告知犯人，将对他进行医学实验，如果他能活下来，可以当场释放他，死刑犯同意了。实验开始，犯人被捆绑在手术台上，身上连接了各种心电、血压等测量仪器。研究人员准备抽取他的血液，他的左手被放进黑箱子里，箱子下方是一个储血的器皿，抽出的血液会滴落在器皿中，而犯人身上的仪器会显示血液参数。

几分钟过去了，血液还在滴落，犯人开始变得急躁，询问还要抽取多少，研究人员没有回答；又过了几分钟，滴落声变得急促，犯人紧张地大叫，研究人员命令他冷静。一个小时过后，研究人员发现，犯人已经死去。尸检结果显示，犯人的外在表现属于失血过多死亡，而真正的死因不明。因为抽血过程只是水龙头的滴水过程，后来只是将水龙头开大了而已，真正的抽血过程只持续了几秒钟，难道犯人是被吓死的？马丁认为，人的一些心理暗示可以对身体造成直接影响，甚至可以改变人的生理状态，可以认为精神支配了肉体。

中国有句古话“人吓人，吓死人”，恐惧有可能会让人失去生命。在恐惧中，看这个世界都是灰色的，看人性都是负面的。父母要做的工作之一，是要消除孩子的恐惧，让孩子去相信这个世界的美好，对这个世界感兴趣，对他人感兴趣，而不是增加孩子的恐惧，让孩子感到这个世界的黑暗，没法去信任任何人，最终不能信任自己。这种发自内心的自我怀疑，会极易借着上瘾及幻想来逃避痛苦及抚慰自己，发展出反社会型人格。

有一天，闺女说：“妈妈，鬼好可怕的？”我说：“你知道鬼是怎么来的吗？”她说：“我不知道。”我说：“鬼就是死去的亲人，是妈妈的奶奶、爷爷、奶奶的奶奶、爷爷的爷爷或曾爷爷，都是以前好多辈的人，你的爷爷会不会爱你？”她说：“爱呀。”我说：“鬼也是死去的亲人，亲人都会爱我们、保护我们，你还怕吗？”后来，她就没有说再怕鬼。接下来的时候，她自己也会自言自语地说：“鬼都是死去的亲人，没啥怕的。”

我们要的不是恐惧，而是小心和谨慎。

我会鼓励孩子们尝试他想要做的一切事情，哪怕是看似危险的事。记得儿子上幼儿园时，学校门口有几棵桑椹树，树干很粗，树杈不高。放学后，一大帮小朋友聚在一起玩，孩子们好奇，想爬上树去玩儿。这时候，好多父母都对孩子说：“太危险了，摔下来怎么办？而且树上还有虫子，会咬你，咬得你疼。”我跟他们不一样，我会对孩子说：“妈妈小时候经常爬树，爬上树后，你会站得高、看得远，那种感觉好惬意，你可以去尝试一下。”儿子在我的鼓励和帮助下，勇敢地爬上去了。

波士顿学院的心理学家彼得·格雷指出，现在千禧一代普遍存在着抑郁、自恋和情感共鸣下降等心理问题，很大一部分原因和他们童年时缺乏冒险游戏有关。家长的过度爱护和关心，让孩子变得谨小慎微，不敢放手去做事。卡耐基说：“整个生命就是一场冒险，走得最远的人，常是愿意去做并愿意去冒险的人。”

前面讲过三脑原理，当人感到恐惧时，爬虫脑夺取主动权，如果长期处于恐惧中，恐惧会变成强迫性的恐惧，影响情绪脑和视觉脑的发育，妨碍孩子大脑发育，阻碍智慧的增长。更严重的会演变成恐惧症、焦虑症，不仅影响学习效率，更可能危害健康。教育孩子时要的不是恐惧，而是“爱”，所有的大师都教导我们要“爱”，因为爱是唯一的真相。

不做物质欲望的奴隶

很多父母喜欢说：“你可以跟某某多学学”、“当哲学家有什么用，你得找份高薪工作”、“得多赚钱，赚大钱，你看谁家孩子，赚钱真多”、“你得超过某某某”……

人生有 N 多种活法，也可以有 N 多种追求和选择，可现在太多人心中只有一个物质目标，在生活中说着、做着的都是一个字：钱，钱，钱。太多父母在生活中过度强调金钱，并且以薪水来看待职业问题，直接让孩子陷入欲望中。欲望让人痛苦，欲望让人疯狂，欲望可能会摧毁人……看看被欲望控制的贪官污吏、罪犯、贩毒走私犯等吧。

作家蒋勋曾在书中说：“台湾的建筑系的老师会鼓励学生到建筑事务所打工，工作到每日每夜，学校的功课可以不做，这个时候，学生已经加入社会的赚钱行列。而法国建筑系的学生却在思考五十年以后法国会出现什么样的建筑物。他不是关心当前商业的消费，他关心的是自己能不能在建筑史上有所突破。同样是欲望，法国建筑系的学生要的是一种名誉的清高和渴望，而我们的学生却想着如何在毕业以前就把钱赚饱。建筑系的学生如此，信息系的学生也是如此，他应该思考的是如何设计出一个程序引导一场计算机的革命，而不是想着赶快开发一种软件在光华商场里卖钱或者毕业后要进入哪一家大公司当工程师。”最后，蒋勋老师总结道：“如果我们的思维困在消费形态中，整个大学体制就会垮掉！”大学体制垮掉，整个社会就垮掉了，社会的希望有赖于青年。

古希腊哲学家伊壁鸠鲁给人类的欲望做了分类：“对于欲望，有些是自然的，有些是没有根据的。对于自然的欲望，有些既自然又有必要，有些只是自然的。”为了实现平静的生活，他主张要审查欲望，看看它们真的是自然的、必需的，还是相反。

每个人都必须谋生，这是事实。温饱是人的正常需要，是自然又有必要的欲望。奢侈的欲望则是市场经济的刺激下，不断膨胀出来的。你有一辆自行车，欲望说你周围的人都买汽车了，你就会觉得你缺汽车；买了一辆比亚迪，欲望说你得要一辆宝马，你又继续买；你有一所房子，欲望说不够，最少要三套，至少要有一套在海边；富了总可以再富，事实上必定有人比你更富，于是欲望让你永不满足，不得不去挣更多的钱来喂养它。这样，赚钱便成了你唯一的目的。假如孩子只醉心于赚钱，他有可能会通过抢劫、诈骗、贪污、巧取豪夺、只关注自己的利益、不顾他人死活来牟取利益，即使可能没做这些，他可能很富有，但他的行为却对人类无益。

我非常欣赏亚里士多德的观点，在他的著作《尼格马可伦理学》中，他说，适度对待一切事物的美德，即在过与不及之间找到黄金律。亚里士多德以勇气的美德来举例说明：多则鲁莽，少则怯弱，他建议我们找到两者之间的平衡点，唯有这样才能让生活质量得到全面提升。古有孔子提倡“中庸之道”，指不偏不倚、折中调和的处世态度，今有巴菲特、比尔·盖茨的裸捐，乔布斯拿一元美金的年薪。圣贤先哲和顶尖的成功人士都在提醒要适度、平衡生活中的一切（包括欲望）。

愤怒对孩子管用吗？

有一天傍晚，我走在路上，看到一位年轻的母亲，二十四岁左右的年龄，正在用手打大约六七岁的儿子的屁股。小男孩一边哭一边抹眼泪一边喊：“妈妈，我错了，我不敢了。”那位年轻的母亲仍然没有罢休，冲着他咆哮道：“明知道今天要出去玩，作业不早完成，我跟你说过多少遍了。”小男孩哭得很伤心，但妈妈没有停，使劲地摇晃着他，那种杀气，恨不得将儿子生吞活剥：“看你以后还敢不敢不听我的话！”

当父母这样愤怒地对待孩子，希望孩子积极改变，可事实的真相是怎样的呢？愤怒会产生怎样的效果呢？

事与愿违，带来了负向效果

在一个涉及 10 万名儿童的调查中发现，父母对孩子发脾气是孩子最反感的表现。看看孩子们是怎么说的。

“我爸爸发脾气的时候，我特别害怕，想找个地方躲起来，可是腿上没劲，再说也不敢，我怕他冲上来把我撕成两半！”

“每次我爸爸妈妈对我咆哮时，我其实听不清他们在说什么，我只知道再坚持一会儿就好了，骂完他们就会停下来了。”

“我讨厌爸爸，他动不动就在我面前大吼，以为这样我就能听他的话了，他错了，我觉得他要是肯平静地跟我聊聊天，效果可能会更好。”

大量研究结果表明，那些经常忍不住在孩子面前发火的家长，相比安静的家长，他们的小孩往往会在与人相处时表现得更强势也更容易情绪低落，在学校的表现也更差。愤怒，会毁坏小孩子对社会的适应能力。在父母的吼叫中长大的孩子，内心充满恐惧，他们靠着天马行空的神游来逃避令人恐惧的现实世界。

德国有一个绘本《一生气就大吼大叫的妈妈》，书中企鹅宝宝讲述了它和它妈妈之间的经历。“今天早上，我妈妈发脾气，冲着我生气地大叫，结果，吓得我全身都散开了，飞跑了……我的脑袋飞到宇宙里，我的肚子落入大海里，我的嘴巴插在高山上。最后发脾气大叫的妈妈又将我找了回去，将我修补好。妈妈跟我说‘对不起’，我也原谅了妈妈。”孩子也像小企鹅一样，面对愤怒的父母，他们吓得不敢表达，想逃走却没法逃，战战兢兢，诚惶诚恐，只能神游到宇宙、大海、高山上才能感到安全。跟大多数人发完脾气后向孩子道歉的妈妈一样，企鹅妈妈也道歉了。身上捅一刀会在身上留下伤疤，心中同样也会留下伤疤。那种恐惧、惊吓、无力、无助的负面感觉会深深烙在细胞深处，无法消失。

给孩子树立了负面榜样

卢梭说：“我们对待别人的态度，最初是由别人对待我们的态度而决定的。”父母经常对孩子愤怒，孩子便也学会用愤怒对待。

这是发生在2017年的一个真实故事。江苏盐城，一个12岁的男孩弄坏了物品，找妈妈替自己赔偿，妈妈非常生气地指责他，男孩很生气，于是动手掐住妈妈的脖子，和妈妈怒怼。

> 以我自己的经历为例。在我从小的记忆里，父亲母亲都很喜欢发怒，造成我长大后不会表达自己的感受和想法，也不会与人建立亲密关系，青春期的时候，非常叛逆，一点事情都会激起我的愤怒。我一直很讨厌父母的愤怒，可是在我二十多岁的时候，我也会习惯性地愤怒，有些事发生了，我生气了；另一些事发生了，我又生气了；又有一些事发生，我更生气了。发过火之后，我也懊悔、自责，可是遇到一些情况，我还是会发火。

我也曾情绪不稳，后来选择了学习成长，经过十年多的学习，才让自己活在平和的状态中。身边很多的亲戚朋友看到我对待孩子的态度，都会说：“你真有耐心。”

教育孩子要的不是愤怒，而是平和，平和的能量层级是600。我不会对孩子愤怒，更多的是温和对待，孩子成长得很好，没有恐惧、焦虑，愤怒。从他们的身上，我看到更多的和平、主动、喜悦的特质。三岁多的小闺女，每天早上起床的第一件事，就是抱着我，或是要我抱着她，我会说“我爱你，宝宝”，她会说“我爱你，妈妈”，这是我们俩早上的问候语。

骄傲损伤智慧的增长

很多父母喜欢说："这个人不怎么样"、"我们家比他有钱"、"我们上的学校比他好"……

当你这样比较的时候，你就在表达谁比谁厉害，孩子便从你的言行中学会了比较。比较会滋生骄傲与自卑。可事实的真相是怎样的呢？

骄傲可分为两种，一是自己为自己感到骄傲自豪，是可以的；二是对待别人时骄傲自大，则是不可取的。

作家王尔德到美国旅行，入境时海关官员问他："您有什么东西要报关？"他回答："除了我的才华，什么也没有。"使他骄傲的是，他没有什么值钱的东西，但他拥有不能用钱来估量的艺术才华。人应该为自己感到骄傲，哪怕你没做出任何成绩，你生而为人，比起动物来，你已然高明太多。

在生活中，难免会见到这样的父母和孩子，目中无人、自命不凡、唯我独尊……常常暗自比较：你比我能干，可是我比你有学历；你干的那一行都是没文化的人干的，我干的才是了不起的事业；你有成就，如果我有你那样的机会和人脉，我的成就一定比你厉害。总是把眼睛放在其他人身上，最后得出一个结论：我比你强。于是便自以为是，并且期望别人都甘拜下风。这种骄傲的演化趋势是傲慢和否认，这些都是抵制成长的。

事实上，人与人之间是不同的个体，没法去比较。《你的生命有什么可能》里有一句语录："所以记得，与别人相比是没有意义的，那是一种永无宁日、绝无胜算的自我折磨。"台湾作家林清玄在《木炭与沉香》一书中说："一个总喜欢跟别人比较的人，长大后会缺少幸福的能力。人生的缺憾，最大的就是和别人比较。和高人比较，使我们自卑；和俗人比较，使我们下流；和下人比较，使我们骄满。"

在教育孩子时，要告诉孩子，你值得为你的进步鼓掌、喝彩，而对于其他的人，每个人的人格都是平等的，你可能在某些地方优于别人，你也可能在某些地方不如别人，可在人格上别人和你是完全平等的，你们都是宇宙的孩子、上天的宠儿、父母的宝贝，没有谁比谁高。正如简·爱所说："你以为我穷、低微、矮小，我就没有灵魂了吗？你想错了！我跟你一样有灵魂，也同样有一颗心，我现在不是凭着肉体凡胎跟你说话，而是我的心灵在和你的心灵说话，就好像我们都已经离开了人世，两个人平等地站在上帝面前，因为我们本来就是平等的！”

萧伯纳和小女孩

一次，萧伯纳漫步在莫斯科街头，遇到一位聪明伶俐的小女孩，便与她玩了很长时间。告别时，萧伯纳对小女孩说：“回去告诉你妈妈，今天同你玩的是世界著名的萧伯纳。”小女孩看了萧伯纳一眼，学着大人的口气说：“回去告诉你妈妈，今天同你玩的是莫斯科小女孩安妮娜。”萧伯纳一时语塞。

后来，他常回忆起这件事，并感慨万分地说：“一个人不论有多大成就，对任何人都应该平等对待，要永远谦虚……这就是莫斯科小女孩给我上的课，我一辈子也忘不了她！”

怎样提升能量?

1. 学会自我肯定，每天说：“我是最棒的，我爱我自己。”刚开始可能说不出口或者不自然，或者有反对的声音出现，别管它们让它们溜走，继续说至少一个月以上，每天重复至少 100 遍，无论是口头说，还是心里默念。

2. 选一个你想要的能量层级，给自己一个锚定：选择身体的某一个部位，例如手指关节，找一个你喜欢的话语、歌词、物体、诗句等，做法是，例如我想要快乐的能量层级，选择用左手食指的指关节作为锚定。我会一边用右手掐左手食指关节，一边唱《快乐老家》的歌曲，反复几次，直到一捏左手食指的指关节，我就能想起锚定的歌曲，并且有快乐的感觉在身体中流淌。

3. 学会转化低能量，看到这些能量背后的正面意义。

4. 经常读下面的这份自我宣言，这份宣言是露易丝·海在其作品《生命重建》的一段宣言。你也可以自己写一份自我宣言。

在我广阔的人生中

一切都是完美、完整和完全的
我独特的创造天赋和能力在我的头脑和身体里流淌
并以令我非常满意的方式表达出来
有人一直在那里等待我的服务
很多工作需要我做，我可以挑选我想要做的
我挣很多钱，可以满足我的需要
我爱我自己，因此，我做真正喜欢的工作
一个可以发挥我的创造力和天赋的工作
那些爱我的和我爱的人
我和他们一起工作，我为了他们而工作
我爱我自己，因此，我用爱的方式思考和行动
我这样对待所有人，他们又成倍地返还给我
我在我的世界里只吸引可爱的人
因为他们是我的镜像
我是宇宙中一个可爱的孩子
这世界乐意照顾我
现在和永远都是这样
我的世界里一切都好

记得永远站在高能量区域，给到孩子改变的能量

大多数父母在教育孩子时，经常让孩子处于负面情绪的体验中，以为羞愧、内疚、恐惧、冷漠、批评、愤怒、辱骂等方式可以让孩子改正缺点，反省自己，从而有动力去做事，这不符合能量学和心理学、宇宙吸引力法则的运作原理。每做出一种改变，都需要拿出勇气，而勇气是 200 以上的能量层级。想一想，当你处于负面情绪中时，你是什么样的状态？你不想工作、不想见朋友甚至不想动。而当你情绪高昂、信心满满时，你又是一种什么样的状态？所以，让自己和别人改变的一条捷径就是，不断提升意识能量，保持在喜悦、平和、快乐、包容的能量状态中，做平和、坚定的

父母，孩子会吸收到喜悦、平和，从而获得满满的高能量，茁壮成长。

引领故事：天天 HAPPY DAY

有一天，我们和孩子们一起去天津方特欢乐世界看了关于孙悟空大闹天宫的 4D 电影，出来后我就对孩子说："我有一个感悟。"

孩子说："是什么感悟，说来听听。"

我说："你看，孙悟空很生气，飞到天上，就非常愤怒地指向玉帝，愤怒是低能量，当孙悟空处于低能量时，吸引到的便是低能量，玉帝比他更愤怒。于是，二人产生争斗。最终的结果是：孙悟空砸大殿，毁城池，大闹天宫。玉帝请来如来佛，孙悟空被压在五指山下 500 年。如果悟空活在高能量中，淡定、平和地跟玉帝沟通，同时让玉帝看到自己的一身本领，结局会不会有所不同？"

孩子说："应该会，因为两个人打不起来，而且说不定还能成为朋友。"

我说："当人处在负面情绪的能量状态中，比如活在痛苦、悲伤、内疚中时，你觉得是不是就像孙悟空一样被压在山下，是心头的大山，而不是真的大山，你感觉我形容得对吗？"

孩子问："确实，那要如何办呢？"

我说："你是希望活在低能量状态中还是希望活在高能量状态中？"

儿子说："我希望活在高能量状态中，起码自己舒服，别人也舒服。"

我说："举起你的手，左手是痛苦、悲伤、愤怒，右手是快乐、喜悦、平和，对于你自己来说，你永远拥有选择权，这个选择不在别人手中，而在你手中，你如何选呢？"

孩子说："那我肯定选右手。"

我说："你确定吗？"

孩子说："我确定。"

我说："你如何确保做到？"

孩子说："当我处于低能量时，我就伸开双手，掐一下我的右手，然后告诉自己，我有选择权，我愿意选择高能量。"

我说："嗯，请记住，喜悦、快乐是你的天性，你在婴儿时，睡觉都会笑。"

儿子说："妈妈，我突然想到一句话，叫天天 happy day，每天早上我都提醒自己一遍。"

我说："我也要天天 happy day。"

然后我们俩互相拥抱了对方，谈完话也到家了。

作业

今天一天只思考那些好事、正义的事，哪怕在事情显得有点糟糕时也请只看到美好，表达感恩，然后想象你接下来要选择的美好的景象。

练习

让自己慢下来，放松下来，你要明白，你做什么或不做什么，对宇宙来讲没什么区别，离开了你，生活照常运行，别把自己太当回事儿。从今天开始，当你走路时，慢慢地走；当你看的时候，专心地看，你将会发现树木花草的美，这是你以前从未发现的；当你谈话时，专心地谈，选择积极的词汇；在你倾听的时候，专心地听，不要去评判。如此坚持一个月，你将会发现喜悦、平和、仁爱从你的内心升起。

第 3 章

放下干扰，尊重生命体系的成长

孩子能否像“试管里的兰花”一样批量培养？

2018 年春节，我去花市买花。因为我从小就非常喜欢兰花，一看到卖兰花的，我就停住了脚步，但我有个新的发现，这些兰花怎么每一株都一样呢？花朵都一样的完整，花枝都一样的修长、挺立……

卖花的店主说：“你随便挑，每一株都很好。”

我好奇地问卖花的店主：“为什么呀？”

他说：“哎，你不知道吧，现在兰花都是工厂造的，兰花是一群群地‘养’在试管里，靠着营养液成长，长大了都一样的。”

我终于明白了，这些兰花是“工厂制造”的，不是在大自然中生长的，不会有虫鸟吃，不会肥料不均，不会有风吹雨打，不会因其他因素而长得歪曲、怪异。然后卖花人又说：“只可惜，少了以前兰花的芬芳。”

兰花按照机械化的方式培养便失去了独特的芬芳，并且变得一模一样。

可现实中，我们的父母、学校都在按机械化的方式培养人才。学校把三四十个孩子放在一起，按同样的方式培养，希望每个孩子的语、数、外都很优秀，成绩都很好；回到家里，我们希望孩子按照我们规定的时间以及喜好的方式发展，或者按照我们想要的方式做事……试想，这样培养出来的孩子会不会像试管里的兰花一样呢？

曾经见过一个妈妈，孩子 3 点放学后，休息一个小时，4 点学语文，5 点画画，6 点学英语，7 点吃饭，8 点写作业，9 点上床睡觉，每天都是这样循环往复。时间长了，孩子就变得拖拉、磨蹭。写作业时，时间过去半小时，孩子一个字也没写，这位妈妈就很生气，觉得这孩子太不省心了，气不打一处来，就开始骂人了。

有一次我见到她，我说："你不觉得你在操纵机器吗？"她瞪着眼睛，一副不解的样子，然后我说："你作规定，孩子去执行，只有机器才能完全听你的，可你的孩子不是机器，他是活生生的人，他有思想、感情、感受，更重要的是他有意识。"

机器必然是盲目、无意识的，它所有的行动必须依据人类的指令，并且完全听命于人的指令，不会自己主动解决问题，不会有新的创造。很多时候，我们把孩子当成一部机器，希望他听话。正如操作电脑一样，我按什么程序，系统就怎么响应我；我说做什么，他/她就去做什么。如果没听，次数多了，我们就贴标签说"这孩子不听话"，你的内心很受挫，于是你就伤心、难受，最后不惜辱骂甚至动手……

孩子不可能听命于你，不可能完全按照你想要的方式去发展。每个人都是独一无二的，他有着自己独特的发展方式。你去观察一棵小草或其他植物，生在石头缝中或者压在石头块下，可能缺水少光，但是，它们却以令人目瞪口呆、令人震惊的毅力冲破身上的重压，弯弯曲曲、忍辱负重地长了出来，慢慢由细弱变成强硬的一根细苗，最终长成一棵大树。生命的生长，只要有适宜的环境，它就一定会生长，而且是以它独有的方式生长。

父母要意识到，人跟植物一样，是一个生命体系而非机械体系。小孩子是未经社会制约的有机生命体系，他用我们无法彻底理解的方式在感受这个世界，每天无论是身体还是心理都在发生变化，他有自己因人而异的成长节奏和次序，由于生命的不确定性，绝对不是我们可以准确地预期并严格加以规范的。我们更没有资格去主观判定谁有没有希望、谁能不能成才……乔普拉说过"我们每个人都更像河流，而不是固化的实体"，也是同样的观点。

生命体系与机械体系

其实，如果你留意大自然，就会发现，大到宇宙、太阳系及无数的星辰，小到花草树木都是在自运行，尽管如此宁静、如此悄无声息，却如此完美、持久，不需要外在的干扰；如果你留意人体的8大系统，哪怕你在睡觉，心脏、血液都在运行，而且是自运行，并不需要你的刻意指挥；如果你去觉察，每个人本身圆满具足；如果你去觉察，生命的存在是"由内而外地发生”……那么，你将会意识到，“孩子是一个生命体系，它按照生命体系的运作规律来成长——由内而外地发生”，不需要过度的干扰和帮忙。

下面我们不妨对比一下生命体系与机械体系这两种体系的差异。

生命体系	机械体系
开放的	封闭的
由内在因素进行组织	由外在因素操控和整理
根据外界环境的变化而变化	排序是平稳的、稳定的、不变的，不和外界发生变化
未来是不可预知的，一天都有很大变化	未来的状态取决于它的现在和过去
不确定的	确定的

给父亲丢尽脸面的差生是如何逆袭成为著名作家的?

台湾著名作家林清玄，在初中时学习成绩不好，初三刚开学不久，父亲就把他叫过去，对他说：“像你这种成绩，我的脸都被你丢尽了，我看你初中毕业不要去高雄参加联考了，你去台南考。”因为在他居住的乡镇，所有的孩子都是参加高雄联考，去台南考试无疑就是放逐，连在乡镇里的奇美高中也不能考了。

后来他就自己一个人跑到台南去考高中，发榜的时候发现考上了一个从未听过的高中，名字叫“私立瀛海高中”。瀛海高中当时刚成立不久，是一个非常小的学校，每一个年级只有三个班，整个高中加起来只有三百多人。学校在盐碱地带，几乎可以用寸草不生来形容，可见高中学校很荒凉。由于学生很少，大部分学生都住校，所以林清玄也离开家去住校。当他父亲送他去报到注册的时候，都说：“你怎么会考上这种学校？”

在学校的时候，他对学校的功课日渐厌烦，高一结束的时候，有一大半功课都是补考才通过的。然后他想辍学和转学，当他把这个想法告诉父亲的时候，父亲气得几天都不和他说话。后来有一天，父亲说："你再读一学期，如果还是感觉不行，就转回来吧。"当他上了高二，班里新换了老师，新来的老师是一位 70 岁的老头，早年毕业于北京大学，从省里著名高中退休后转到私立学校来教学，退而不休。

这位就是后来彻底改变他的人生的王雨苍老师。高二开学不久，王雨苍老师叫他去自己家包饺子，然后告诉他说："你在报纸上的文章我看过，写得真不错。"林清玄回忆说："这是第一位确定那些文章是我写的老师，以前的老师都以为只是同名同姓的人。"吃完饺子准备告辞的时候，王老师对他说："你有什么想法随时可以来找我，林清玄，你不要自暴自弃呀！"

他说，他从未被老师如此感性地对待，当场就红了眼睛。接下来，由于王老师的支持，他把大部分的心力用在写作上。后来他的作品陆续发表在报纸、杂志上，还连续两次得到全台南市中学作文比赛的第一名，这让他更加坚定了自己的信心，确定了写作之路。高中毕业的时候，他不再对前途畏惧了，虽然大学的考试一直不顺利，但是他知道，他的写作不会再动摇了。他后来回忆说："直到现在。几十年过去了，只要想起中学生活，王雨苍老师那高大的身影、红润的脸颊就会在我眼前浮现，想到老师最常对他说的，'你一定会成功的，不要自暴自弃呀'。"

以前的老师把林清玄当作机械体系，就连对林清玄发表的文章都认为是同名同姓的不同人写的，老师是封闭的，以过去来看待未来，采用的是教导、管教、批评等方式。这种方式让林清玄感到羞愧，在这种低能量的环境中，他就会缺乏力量去改变。

王雨苍老师把林清玄看作生命体系，以开放的眼光看待林清玄，没有因他的过去而判定他的未来是什么，并且在生命中支持他，让他有问题随时可以去找他。更重要的是，王老师对他的认可改变了他以往不被认可的生长环境。环境一改变，能量也改变，林清玄便开始了成长和改变。

生命体系受环境的影响很大

生命体系是开放的，它们与环境共生存，“开放”是指它们具有不断从外部环境吸收能量和向外部环境输出能量。它们通过与外界环境的开放交换，获取自我生长所必需的一切。自然界中的一切动植物皆如此，当然也包括我们人类。

生命体系因环境不同而呈现出不同的结果。长在肥沃土壤里的松树和长在石头山上的松树是不同的，虽然都是松树，因生长环境不同而展现出不同的生长方式。人所处的环境不一样，他的行为也会不同。

看到狼孩你想到了什么?

1920年10月，一位印度传教士辛格在印度加尔各答的丛林中发现了两个被狼哺育长大的女孩。大女孩约8岁，小的1岁半左右。据推测，她们必是在半岁左右时被母狼带到丛林里去的。当她们被领进孤儿院时，一切生活习惯都同野兽一样，不会用双脚站立，只能用四肢走路。她们害怕日光，在太阳下，眼睛只睁开一条窄缝，而且还不断地眨眼。她们习惯在黑夜里看东西。她们经常白天睡觉，一到晚上则活泼起来。每夜10点、1点和3点循例发出非人非兽的尖锐的怪声。她们完全不懂语言，也发不出人类的音节。她们两人经常动物似的蜷伏在一起，不愿与他人接近。她们不会用手拿东西，吃起东西来真的是狼吞虎咽，喝水也和狼一样用舌头舔。吃东西时，如果有人或有动物走近，便呜呜作声去吓唬人。在太阳下晒得热时，就张着嘴，伸出舌头来，和狗一样地喘气。她们不肯洗澡，也不肯穿衣服，并随地便溺……

放在人的身边，会养成人的习性；放在狼的身边，便养成狼的习性。人是环境的产物，环境造就人！想要孩子成长得好，就要提供利于孩子成长的环境——爱的小屋（将在第二部分详细介绍）。爱的小屋由接纳、尊重、理解、相信、允许组成，在这样的环境中，孩子将获得精神的营养，只有获得内在力量，才能去改变和成长。

生命体系的内在有一个有序、自然的发展过程

生命由其内在因素进行组织。看一看，胚胎的发展是一个令人惊讶和不可思议的创造，它是秘密和独立完成的。这些细胞在转化中不犯任何错误，有些变成软骨、有些变成神经、有些变成皮肤……胚胎在母亲的肚子里是自我发展的。

孩子从出生到1岁，刚开始只能躺着，到后来会坐、会爬，直至走路、自己拿勺吃饭等。俗话说，7个月坐，8个月爬，1岁能走路。这不也是生命的一个有序的成长过程吗？

再来看看语言的发展。任何一个国度的孩子都能够在这充满声音的环境中学会本国的语言，中国人学会说中文，英国人学会说英语，并且学会语言的各个细节，这种发展，没有人专门给他上课，儿童的语言能力是他自己作用于环境的结果。父母做不了什么，一切都是孩子按照他自己的内在驱动来发展的。每个孩子都有其自己成长的时间表。如果缺乏觉知，我们就会忘了孩子长大需要时间，就会做出如爱因斯坦所说的"让鱼去爬树"的行为。

这些天才怎么了？

哈佛大学某心理学教授想把儿子培养成天才。在他的精心安排下，孩子三四岁时，已经熟练掌握了几国语言，6岁考入中学，10岁考上哈佛大学，16岁攻读哈佛大学博士学位。该教授想尽办法，每一分钟都让他的孩子不断地吸收再吸收。然而，18岁时，孩子成了伦敦一家商店的售货员。他拒绝任何知识性的活动，知识对他来说非常痛苦，他觉得做一名售货员特别幸福。

魏永康，刚出生两三个月时，母亲就教他认字，2岁时识字量超过两千，8岁考上初中，13岁考上大学，17岁考进中科院硕博连读，20岁时，因生活能力太差，并且知识结构不适合中科院的学习模式被退学，之后在朋友的帮助下回归普通人的生活。

看到这些案例，你又会产生怎样的感想？

到底能不能教会孩子?

从孩子一出生开始，我们为人父母者的脑子里就会出现两个字“教育”。我们希望通过教育让孩子知书达礼、明事理、讲道德、勤奋好学、积极进取、勇敢坚毅。只是“教育”二字带来的强大使命感和紧迫感，让我们忽略了这样的事实，即生命体系是自我发展的且每个人都会有差异。我们自以为“知道”什么是对孩子最好的，认为自己懂得孩子需要什么，认为自己知道得比孩子多，以为自己知道问题的答案，明白这个人世间的道理和规律。用一句话说：“我吃的盐比你走过的路还多。”

有这么一个小故事。小男孩问爸爸：“是不是做父亲的总比做儿子的知道得多？”爸爸回答：“当然啦！”“电灯是谁发明的？”“爱迪生。”“那爱迪生的爸爸怎么没有发明电灯？”

这个故事是不是也给我们家长一些警示呢?

更重要的是，“教”只是让孩子得到一个概念，概念要变成孩子自己的东西，需要经过孩子自己的体验，需要经过感官的吸收，最终内化成自己的东西。

例如，我买了一个苹果，我告诉你这个苹果产自烟台，烟台苹果皮薄肉嫩，而且非常甜。我无论怎么向你形容，你都不知道这个苹果到底有多甜。然后我让你咬一口，你尝了，体验了，你就知道这个苹果的味道了，那么苹果的味道也就内化到你的细胞中了。

再比如写毛笔字，老师先教你握笔的方法，然后你自己拿笔写，练习一段时间后，笔画就内化了，以后你拿起笔就会写。所以，你教的知识就算孩子听了，如果他没有去体验，用处也不大，家长还会抱怨说他没听进去。正如古话所说：“纸上得来终觉浅，绝知此事要躬行。”

我们以为是我们教会了孩子，其实是孩子自己学会的。想一想，同一个班上 40 名学生，老师教授同样的内容，考试的时候成绩却相差很大，这是为什么？因为每个人吸收的不一样，理解不一样。

蒙台梭利曾说，“教”孩子可能是在奴役孩子。

蒙台梭利举过一个例子。一个孩子拿着玩具火车玩，他不让火车在轨道上走。火车必然要在轨道上行驶，这是成人的规则，所以孩子用这个火车在进行其他玩法的时候，爸爸就说："儿子，这是不对的，这个东西应该在火车的轨道上走。"他的孩子不想这样做，爸爸就不断地干涉孩子，孩子的创造力和想象力就这样被扼杀了。

事实是，现在已经制造出了可以在地上跑、天上飞、水中游的车子。

生命体系具有不确定性，个人要拥有自主权

生命体系给我们展现的永远是不可预测的，不确定性是生活的常规。佛经里讲："诸行无常。"无常便是不确定性。当你觉察到这种不确定性的时候，意味着你领悟了某种真理。

在这种不确定的状态下，我们要去思考，我们能掌控什么、不能掌控什么。史蒂芬·柯维博士在《高效能人士的七个习惯》一书中讲过，我们面对的问题可以分为三类：可直接控制的（问题与自身的行为有关）、可间接控制的（问题与他人的行为有关）和无法控制的（我们无能为力的问题，例如我们的过去和现实的环境）。对于可直接控制的问题，通过培养正确的习惯来解决；对于可间接控制的问题，可以通过改进施加影响的方法来解决，例如采取移情方式而不是针锋相对，以身作则而不是口头游说；对于无法控制的问题，我们要做的就是改变面部曲线，以微笑、真诚与平和来接受现实，纵使有再多不满，也要学着泰然处之，这样才不至于被问题控制。

诚然，孩子属于间接控制，你只能以身作则地去影响他，而不能通过强制、控制、批评、指责、打骂等方式让他去改变。孩子可能会顺从或叛逆，顺从培养的是"奴性"，叛逆培养的是暴力。如果这是你想要的，你可以继续管教，也不失为一种最好的方式。孩子的未来还没有到来，是无法控制的，你只能以微笑、平和的态度来对待，只能给予祝福和相信，让孩子在你的真爱中获得向上的力量。

著名心理学家、教育学家阿德勒说："我们都能在所有人身上发现这个贯穿终身的主题：奋斗。试图从低位到高位，从失败到成功，自下而上，这种奋斗始于童年期，一直持续到生命的结束。"没有人会一大早起来伸个

懒腰，对自己说，我要过失败的一天；也没有人从小就立志要度过凄凉的一生。我们每个人都希望变得比现在更好、更强大、更有价值、更自信、更成功。我们心里住着一个完美的自己。各位父母，每个人都拥有向上的力量，关键是你如何去激发、引领孩子积极向上。

孩子成才、成功与什么有关?

讨论这个问题之前，让我们一起看看下面两个故事。

胶州市胶莱镇古兰村的孙启生，母亲早逝，大哥因车祸而意外去世。于是，他们家剩下四个“光棍”——爷爷、爸爸，还有孙启生兄弟俩。“村里不少家的饭俺们兄弟俩都吃过，”孙启生说。一个靠吃百家饭长大的穷小子，通过自己的奋斗，一步步成为年利润500万元以上的企业家。他一边以乐观的心态跟缠身的癌细胞作斗争，一边低调行善反哺乡邻，个人投资350万元在村里建起了老年人日间照料中心。他的行为还带动起其他有爱心的成功人士一起回馈乡村。

英国纪录片《人生7年》的导演迈克尔·艾普特选择14个不同阶层的孩子进行拍摄，每七年记录一次，从7岁一直到56岁。其中有一个孩子勒尔出生于中产阶级家庭，父母是老师，教师家庭出身的他小时候活泼可爱、颜值担当，21岁时因考试发挥失常，进了一个自己和爸妈都看不上的大学，待了不到一年就退学去工地打短工了。

在采访中他回顾过往说，身为教师的父母早早就给他做好了职业规划——成为大学讲师或银行经理，认为他的人生必须按照这个模子去走。父母的强势与古板，造就了他自卑、压抑、焦虑的性格，而父母过高的期望也让他变得眼高手低，在学业失败后，他和父母都无法面对现实与理想的落差。

由于长期被父母过度保护，进入社会后，他缺乏应对能力、处理问题的能力以及自信；另一面，父母的失望与愤怒，又让他感到无比内疚和自责，最终他患上了精神疾病，失业后不愿意让父母知道，28岁时成为一名依靠低保为生的流浪汉，终生未婚。他认为他不配拥有孩子，因为孩子会遗传他的失败。

一个无父无母的孩子，可以优秀成功；一个生在高知家庭的孩子，变得穷困潦倒，对生活失去希望。组织管理专家玛格丽特·惠特利曾说："大型系统若想长久生存下去并不断发展壮大，唯一的途径就是让系统内的成员拥有相当程度的自主权。"家庭是一个小系统，想让每个成员发展壮大，必须给每个成员充分的自主权。

生命体系是由内而外发展的，父母应无为而治

父母所能做的就是满足孩子成长的需求，给孩子创造一个充满爱的成长环境，让其不断地吸收爱的氧分，活在高能量的状态中，这样，成长是一定的。孩子在这样的环境下，将变得非常有力量，他一定会成为人才，成为鲁迅先生所说的"人中的脊梁"。人一旦被制约，将变成机械化的人类，整个发展都将不正常。因此，蒙台梭利曾说："我们要做孩子精神上的仆人而不是主人。"

庄子说，"无为，天德而已矣"，意思是远古之君治理国家，行无为而治，顺应天道而已。我想借用这句千古名言，告诉各位父母，生命体系是由内而外发展的，应学远古之君治理国家的方式教育孩子，即无为而治。

父母的工作就是协助、观察、等待孩子盛开，不应强加任何想法，无论孩子成为一朵什么花，哪怕是一朵野花。每个人的心中都怀揣着光辉，不要去"做"，而是去激发、引领！"做"是外部的，激发是内部的。从内而外地改变，这才是生命体系的成长方式。

让我的爱，像阳光一样包围着你，而又给你光辉灿烂的自由。

——泰戈尔

引领故事：你的事情由你负责

记得儿子刚要上小学一年级时，我对他说："儿子，要上一年级了，开始有家庭作业了，你是希望妈妈看着你写，还是你自己完成呢？"

他沉思了。

我说："我看着你写，我就规定每天什么时间写作业，因为你写完作业，我还有工作要做。如果不用我管，那你就可以灵活安排时间写作业，9点之前写完就行。"

他说："那我还是自己写吧。"

我说："好的，学习和作业是你的事，由你自己负责；工作是我的事，我自己负责。每个人为自己的事情负责，可以吗？"

他说："好的。"

我说："你如何确保你每天都按时完成作业呢？"

他说："我每天放学后就把作业写完，然后再去干别的。"

我说："假如你的作业没写完，老师就会找我，我不希望这样的情况出现。自由给到你，你得自己去约束自己，否则你会失去自由，可以吗？"

他说："不会出现这种情况，除非我忘了作业，这种忘的可能性很小。"

我说："人不需要别人管，一个需要管的人，跟奴隶没有太大区别，你觉得呢？"

他说："那倒是。"

我说："想象一下，你三十岁了，参加工作了，难道还希望别人事事提醒你、帮助你吗？如果是，估计别人也不愿意聘请你。"

他说："我觉得我可以自己处理自己的事情。"

我说："好的，一言为定，我们拉钩。"

从上一年级开始，我没监督过儿子一次作业，放学回家后，他都积极主动地把作业完成后才去看课外书。我把他看作是生命体系，满足他自由的需求。需求满足，成长是一定的。

作业

你在教育孩子时，是在机械体系方面多呢，还是在生命体系方面多呢？对照生命体系的特点，未来你在教育方面跟以前会有哪些不同？

练习

请你拿出一个便笺本和一支笔，让他们写下以“我应该”开头的一句话。

我应该……

逐一看下来，你会发现，很多“应该”都不是你人为能够掌控的，宇宙的真理就是无常、变化、不确定。

第 4 章
遵循孩子心理成长的发展规律

万事万物都有其发展规律

或许你了解植物的生长，它们需要经历播种、发芽、长出枝叶、开花、结果等过程，在成长的过程中需要阳光、水分、空气、肥料等来滋养。有的时候播种季节早了或晚了都不发芽；有的时候缺水了长不好；有的时候水浇多了也出现问题；有的时候要施钾肥；有的时候却需要施磷肥……总之，不同的植物品种在不同的生命周期需要的养分成分、先后顺序、时机节点、数量频次都有所不同，这要符合植物的生长规律。

或许你也了解孩子身体的生长规律，例如我们经常说的“一睡二抬三翻四撑五抓六坐七滚八爬九长牙十站十一扶着能走”，我们不能指望孩子还不会坐的时候能学走路；同样，如果过了 3 岁孩子还不能走路，我们可能需要带孩子去检查身体……

世界上的万物都有其成长规律，身体有其生长规律，人类的心理发展也是如此，是分阶段的，每一阶段都有它的成长任务；是渐进式的，每个阶段皆根植于前一阶段，有其一定的步调和节奏。

孩子的人格发展需要经历的各个阶段

孩子的每一个成长阶段都会经历危机，而每个危机同时意味着有成长的机会和任务。如果没有完成此阶段的成长任务，自我发展就会不健全，从而失去应有的力量或能力。如果在此阶段，成长需求得到满足，自我就会成长得茁壮而健康；如果此阶段的发展需求没有得到满足，就会阻碍下一阶段的发展需求，自我的力量就会被削弱。如果所有的发展需求全部未获得满足，那么，这个人的自我将支离破碎。

例如，在孩子需要安全感的时期，我们在吓唬孩子；在孩子需要建立自信的时期，我们在否定和打击孩子……孩子以后出现注意力不集中、不自信、不主动、没有使命感、早恋、逃学、厌学、沉迷手机和游戏等情况，都跟孩子某个时期的需求没有得到满足有关。

美国著名心理学家埃里克森曾根据自己的临床经验提出人格发展需要经历的 8 个阶段，个体在每一个发展阶段都会面临一个确定的主题或者说一个特定的心理危机。每一个危机都涉及一个积极的结果和一个消极的结果。当我们了解每个阶段的发展主题，就可以让每个阶段的心理危机得到恰当的解决，从而使危机所对应的发展阶段对人的人格产生积极的影响。

现在让我们一起走进孩子成长需要经历的前五个阶段。

表 4–1 从出生至 21 岁的五个阶段

阶段	孩子的需要或行为	若在这一阶段孩子的需要得到满足	若家长未能在这一阶段满足孩子的需要	由于孩子的需要未能从家长那里得到满足，长大后可能会出现以下的个性 / 特征	与此阶段有关的成人心理障碍
第一阶段（0–1 岁）信任与不信任	肚子饿——被喂食物 受惊——被拥抱 哭泣——被拥抱	让孩子知道他的重要性及家长多么需要他。孩子会觉得生长在一个安全的地方。长大后，会是一个开朗及信任别人的人。	孩子会觉得生长在一个不安全的地方。	1. 表现出一种异乎寻常及极度害怕被遗弃的行为； 2. 拼命地寻找一个可依赖的对象； 3. 需要别人照顾； 4. 深信不能信任任何人。	竭力维持毁灭性的情感关系，而且展示偏执狂症的倾向，如暴饮暴食或过分地需要别人的夸奖。
第二阶段（2–3 岁）自主与羞愧	孩子开始学习如何控制自己的生理机能及注意到身体的能力及限制（如控制大小便）。	如果有家长支持及受到尊重的对待，他会获得充满自主能力的感觉及觉得他自己对这个世界有一份影响力。	若孩子在这个成长阶段得不到鼓励或受到恶意的批评及嘲笑，尤其是在他尝试学习如何控制大小便的过程中，他很容易会产生害羞及惭愧的感觉。	1. 经常觉得自卑、无用及不可爱； 2. 不相信自己在世界上有存在的理由； 3. 把自己塑造成一个必须依靠别人的人； 4. 觉得自己生存的权利取决于对别人的重要性； 5. 经常作出不恰当的道歉。	不知道自己真正需要什么；不能拒绝别人的要求；害怕有新的经验；害怕面对别人的愤怒。

（续表）

第三阶段（4–5 岁）主动性与内疚	1. 喜欢幻想，创造及按照自己的主意行事； 2. 发展出主动性。	如果在这个阶段得到家长的支持，他会说出他的想法及表达他的情绪，并且他会发展出一份健康的好奇心。	如果在此阶段家长不支持他，反而因他作出新的尝试而处罚他，他会觉得内疚、有犯罪感，因而停止他的主动性或会秘密地做。	1. 害怕犯错； 2. 感到无助及内疚； 3. 只懂得安慰别人； 4. 回避风险； 5. 隐瞒错误。	1. 不能认识或表达内心的感受； 2. 害怕说出内心的事情； 3. 对感情关系负过多的责任； 4. 不断地去讨好别人。
第四阶段（6–11 岁）勤勉与自卑	这一阶段的孩子，会开始与别人竞争及比较。	如果老师和家长鼓励孩子学习及表示孩子与其他孩子一样有同样的能力，孩子将会受到激励而变得有活力。	如果老师和家长经常严厉地批评或忽略孩子，孩子会不信任自己或者不会自觉地做事。他会产生不配做某件事或不及别人的感觉。	1. 避免参与任何的竞赛或极度喜欢与别人竞争。 2. 觉得不安全及不如别人。 3. 对自己或别人吹毛求疵。	1. 凡事要求完美； 2. 经常拖延及耽搁； 3. 不知如何达到目标。
第五阶段（12–21 岁）身份与对角色的困惑	青春期： 1. 找出他自己怎样去适应这世界； 2. 接受自己身体生理上的变化； 3. 界定自己对异性的身份； 4. 界定在同性和同辈里的身份； 5. 找出人生应怎样过。	若此阶段允许他去探索他自己的梦想及感觉、改变想法及尝试新的方向，他会发展成为一个接受自己的人。	若家长及身边的成人不支持他，又不引导他去探索，而只是过早地强逼他进入某一个角色，他会形成反叛的个性或者变成一个轻浮的人。	1. 不正确地表现出青春期的行为； 2. 对自己的人生角色感到矛盾； 3. 不能订立人生目标； 4. 依靠情感关系或事业成就去肯定自己的身份。	1. 需要不断地谈恋爱； 2. 需要凭拥有的东西、认识多少人及工作成就去确定自己的人生角色。

第一个阶段（0–1 岁）：建立孩子安全感的最佳时期

宝宝出生的第一年，我们要做到的就是及时喂奶，哭闹的时候第一时间给予拥抱和抚摸。他需要有一个温暖的人在身旁，需要一张具有慈爱眼睛的面孔、专心的反应和肯定他心中的需要。在那段没有语言的日子里，人是透过感觉来经历一切的，这些早期的内在感觉来自母亲对他的感受。在婴儿期，肢体上，他需要被触摸和滋养；精神上，他需要感到温暖及信任他人；语言上，他希望听到：欢迎你来到我们家里，我真高兴。我真高兴你是个女孩，我真高兴你是个男孩，我会完全接纳你原来的样子，我爱你的一切……

曼彻斯特大学心理学教授埃德·特洛尼克曾经做过一个非常有名的实验——静止脸实验。他让一个母亲先和孩子互动，孩子非常开心，积极响应。然后让母亲再换成一个没有表情的脸，无论孩子怎样做，母亲都一直面无表情。

以下是实验内容。

实验之初，母亲与孩子正常互动，孩子很开心。

静止脸实验开始，母亲面无表情。孩子已经发现不对劲，开始想办法引起母亲的注意。

孩子继续尝试让母亲与自己互动，但是母亲仍然面无表情。

最后孩子开始崩溃而哭泣。

“婴儿和所有人类一样，天生需要与他人互动。当我在 20 世纪 80 年代第一次做这个实验的时候，都不知道与他人的联结对孩子来说有多重要，也不知道当婴儿不能与他人联结的时候，消极影响又有多大。”埃德·特洛尼克教授说。

在 0–1 岁这个阶段，无论怎么宠爱孩子都不为过，孩子有什么需求都应该充分地满足，这样他将会体验到安全和爱。从出生开始，婴儿就在追求建立与母亲的亲密联系，他几乎完全依赖于她，她是孩子走进社会生活的第一座桥梁，母亲会影响到孩子的一切潜质，妈妈的情绪平和、有耐心将是孩子最大的福气。

第二个阶段（1岁到3岁）：建立自主感，奠定孩子一生的发展基础

这个时候，孩子会开始用自己的脚和手去探索这个世界，孩子会到处摸、到处跑，这个时候可以说是家中的小调皮捣蛋鬼，什么东西都到处扔，什么东西都要去摸一摸、弄一弄，并且开始学习说话。在这个阶段，让孩子开始学习做自己的主人，让他开始学习管理自己的大小便，决定每餐饭吃多少，他会自己去寻找兴趣点，他感兴趣的就让他去反复探索和琢磨。

在这个阶段，要允许孩子去做他想做的事，少催促。比如我家闺女，一岁的时候，她自己想拿勺子吃饭，我就让她自己去吃，以后都不再喂饭了。刚开始吃饭的时候，桌子上、椅子上还有脸上、衣服上全是饭，而且一顿饭要吃很长时间，可是那又有什么关系呢？只是需要我动手把地和桌子擦干净以及晚点洗碗而已。

而我看到很多孩子三岁多了，爷爷、奶奶、父母还在喂饭，有时候怕孩子饿着追着喂饭。还有更重要的一点是，孩子吃饭的时候，孩子说不吃了，父母生怕孩子饿着，通常都会说再吃一点点。人类的内部结构是多么的精密，我们应该信任孩子的感觉，他说吃饱了，就让他去玩。他饿了，自然会想要吃东西，这是人类和动物的本能，生存下去的本能，亿万年的本能。

我女儿在两岁多的时候，她要自己穿衣服，穿不进去的时候，我就问她："我可以协助你一下吗？顺便给你示范一下穿的方法。"她同意了，我就协助她穿衣服，如果她不同意，我就等着她慢慢地穿。两岁多的孩子爱说"不"，如果我们允许孩子有说不的权利，今天也许不会有那么多人在受到性骚扰及面对酗酒和吸毒的诱惑时，难以抗拒。当她最后自己学会穿衣服以后，我就在旁边告诉她："任何事情只要你去学，多学几次就一定可以学会。"

因为我知道在这个阶段要让她体会自己是有能力的。当她感觉到她是有能力的，她是可以做到的，她就会愿意继续去做更多，孩子的自主性就是这个时候在生活的小事中慢慢建立起来的。而我们很多的父母放不下，很少给孩子自己去做的机会。当大人去替孩子做的时候，孩子内心会想"你

们强，而我做不到”、“大人厉害，我不行”，这样孩子会变得懒惰而羞愧。

同时，在这个阶段，让孩子知道他的重要性及父母多么需要他，从情感上和心理上支持孩子。所以，我每天都会对两岁半的闺女说：“你知道吗，妈妈特别感谢上苍，让你来到我的身边？跟你在一起我特别高兴、特别满足，我需要你、我爱你！”

1–3 岁，正是孩子的“自我概念”形成时期，在这个阶段，有很多的需求一定要被满足，譬如身体的需要、运动的需要、感觉的需要、安全感的需要、爱的需要。在这个阶段，如果很多的需求没有被满足，就会出现一些问题。“自我概念”是个很重要的词汇，因为保持对生活的好奇、对学习的喜爱和一份内在方向感的基础都取决于我们的自我概念。

这个时候，孩子的所有自发性的活动都应该得到允许，看似孩子的很多“坏行为”，其实是孩子探索、学习的求知行为，家长可以帮助孩子，但一定不要阻止，因为健康的自我概念源于孩提时期的种种经历，这些经历提供的反馈激励我们去承担风险、解决问题、成就自我，以此让我们拥有深深的自我满足感。

在发展自主性的阶段，最大的危机是羞愧感。这时候父母要帮助孩子建立一个积极正面的自我概念，让孩子知道他是可以的、他是有能力的、他是可爱的、他是美丽的、他是重要的、他是被需要的……而不是让孩子觉得他没有能力、他很笨、他做不到、他很丑、他不重要……这些评价往往会持续一生，而且从开始的一个概念逐渐变成后来的现实。

第三个阶段（4–6 岁）：发展孩子主动性的关键时期

这个阶段是为学习打基础的阶段，在这个阶段，孩子喜欢幻想、创造及按照自己的主意行事。孩子开始去幼儿园，跟完全陌生、各不相同的同龄孩子一起相处。走出爸爸妈妈的怀抱，进入一个陌生的空间，开始接受知识，开始独立生活，开始争抢一两个老师的爱，孩子观察着、适应着、学习着，开始自主决定所有的选择，并建立自己的表达和行为模式，慢慢形成自己独特的生活方式。

奥地利心理学家阿德勒说：“快满 5 岁时，儿童就已形成了一套统一而固定的行为模式，以及处理问题的独特模式，我们称之为‘生活模式’，对于自己和世界所向往的发展模式，他们在此时已经形成一个深刻而持久的概念。此后，他们就会以一个稳定的统觉表来看待世界。”

这个阶段是诗人的世界、艺术家的世界，各种事情都很有创造性，想象力对孩子非常重要，所以，做有规律的技巧性的活动会有难度，孩子更适合做有创造性的活动，譬如，在这个阶段每天弹钢琴，按照人的成长规律来看，是不太适合做的。人生而独立自由，生下来就是要成为自己的主人，如果父母打压、威胁、利诱孩子，不断地要求孩子按照父母的意愿去行事，孩子的主动性就会受挫。这个阶段如果主动性没有建立起来，未来需要花更大的力气去弥补。

宝贝，你可以尽情地哭

有一天，跟3岁半的小闺女去北京，在北京南站下了高铁，电话响了，是10岁的儿子打来的电话，我停下来，一手牵着闺女的手，一手接电话。当时儿子在图书馆，要办借书卡，需要身份证，身份证刚好在我身上，于是我蹲下来，从钱包里拿出他的身份证，闺女一看见身份证，立马就说:“不要给哥哥弄。”我说:“哥哥要办借书证，事情很重要。”于是，我用手机拍照发过去，小闺女就在旁边哭，一边哭一边说:“别给他弄，你不管我。”这时我抱起她，一边给她擦眼泪，一边对她说:“你在妈妈心中很重要，哥哥在妈妈心中也很重要，妈妈爱你们俩。”她还是哭个不停，然后我们上了地铁，在地铁里，她还哭得很大声，旁边上来一个五十多岁的奶奶对她说:“宝贝，别哭了，我给你糖吃。”闺女继续哭，哭了有三十多分钟，要是不懂得成长规律，我就会哄她；哄不管用，我就威胁她；如果威胁不管用，可能会揍她；然后把她丢在一边，径直往前走，让她一边哭一边追；或者如果她不追而是躺在原地，我也会离她很远地看着她……可是现在我就一直陪着她，允许她好好地哭，并且在她耳边说:“妈妈爱你，你可以好好地哭，等到你自己不想哭了就停下来。”

给大家讲这个故事，是因为太多的父母不允许孩子哭泣，更不允许孩子长时间哭泣。允许孩子长时间哭泣，真的需要父母太多的包容和爱，真的很难做到。当不允许孩子哭泣时，孩子会感觉到自己有负面情绪是不正常的、不应该的，长大后有负面情绪出现，如愤怒、悲哀出现，自己会很内疚，更严重者是欲哭无泪，造成身体和心理方面的疾病。

当父母有太多的不允许时，孩子的主动性就会受挫，内疚感就会增加，这个时期的孩子，父母就是全知全能的，孩子会依照父母对待他的方式来对待自我。如果孩子经常因为发怒、哭泣、任性等遭到父母的打压或羞辱，孩子就会在内心里认为“一切都我的错，我不够好”。人生来本身完整，内疚让我们与自我分裂，开始贬低自己，也开始贬低生活中的一切可能性，主动性受挫。

孩子 4–6 岁也是核心人格形成的关键时期，自我概念会继续寻求更多地了解自我。在这个阶段，孩子询问自己从哪里来，进一步探究自己的归属，孩子需要从父母那里获得爱与归属感。

这时要让孩子知道，他是父母相爱的结晶，从妈妈肚子里怀胎 10 月出生，他是上天的赐予，他的生命高贵而神圣，他的出生对于父母、对于这个世界都很重要。这样，他跟父母、跟这个家就建立起了爱的归属感，他明白自己很重要，就建立起了在这个世界完整的存在感。

如果小时候，父母很少给他关注、陪伴，没有耐心听他讲话，甚至他讲话时被打断以及老是受到父母的批评，而很少鼓励，甚至很多父母常说的“你要是不这样，我就不喜欢你了”，都会让孩子感受到自己不重要。这种不重要是违反本能的，人与生俱来的本能就是要成为主宰而非小卒，为了弥补这种本能需求，孩子就会拼命地向外界寻求他的存在感，弥补的方式就是不断地向外索求，甚至搞一些破坏性的行为来获得存在感。

在这个阶段，允许孩子去做各种各样的活动，通过各种事情发展出自己的偏好，这些喜欢和不喜欢的事决定了哪些会让他高兴、哪些会让他反感。这也是孩子的天赋才华开始显现的阶段，否则多少人长大后，不喜欢现在的工作，然后你问他，他喜欢什么？他也不知道他喜欢什么。孩子需要情绪稳定和可信赖的父母，这样孩子才能安心地去探索外部的世界，而不担心犯错会受到责罚。

所以，每天我都会一遍一遍地告诉孩子：“你很可爱，你很重要，你可以自主地选择你想要做的事情，妈妈支持你。”

第四个阶段（7–11岁）：让孩子变得勤奋进取的关键时期

这个阶段是技巧和能力体验的阶段，更适合于抽象的学习，利用三维活动带孩子去感受世界，在这个阶段，若需求得不到满足，以后孩子会不开心，所以应让孩子体会可以掌握各种技巧的感觉。孩子开始与别人竞争及比较，孩子们想要在同龄人中显示自己、证明自己，可现实是有那么多小朋友比自己表现得更优秀。在比较之下，有些孩子慢慢会感觉气馁、挫败、无能为力。同时孩子还要承担考试的紧张和压力，孩子想证明自己与众不同，想得到老师和家长的肯定。

这个时候，很多爸爸妈妈只是孩子在家学习的陪同者，父母可能看到孩子在竞争中的挫败，有些父母甚至比孩子更恐惧、紧张，却无计可施，唯一能做的就是把这种紧张和恐惧再传给孩子，希望孩子自己找出问题的答案。不知不觉中，孩子承受起双重压力，安全和信任的空间越来越小，只能缩回自己想象的空间或游戏、电视等来逃避外部世界。可电脑、手机都是二维的世界，而二维的世界无法让孩子获得技巧和能力的提升，如此恶性循环之下，孩子开始变得不爱学习。

作为父母亲，要引领孩子正确地认识与别人竞争及比较。其实，我们在这个世界上不用跟任何人去比较，最重要的是自己是否做了最大的努力。

有一天在公园里玩，闺女说：“别人数数比我数得多。”

我说：“宝贝，你们看，那边的树高，那边的树矮，树不会去比较，因为每棵树都不一样。你跟别人也不一样。”

闺女说：“怎么不一样？”

我说：“你看哥哥，在学校里，有人比他画画好，有人比他唱歌好，可是哥哥导演喜剧的能力、学习的能力、幽默的能力却是其他小朋友没有的。我们每个人一定有优势的地方，也就是比别人厉害的地方，也一定有劣势的地方，也就是不如人的地方。拿你的长处跟别人的短处比不公平，拿你的短处跟别人比也不公平，拿你的长处和别人的长处比，可你们的长处根本就不同，更没法比。”

闺女听后非常开心。其实人与人的比较是最没有意义的，就像我儿子常说的一句话："我就是我，世界上独一无二的我。"

在这个阶段，不要把自己的孩子拿去跟别的孩子比较，每个人都是独一无二的，跟人比较是这个世界上最无聊的事情。在发展"勤奋"的阶段里，最大的危机是"自卑"。当一个人觉得自己差劲的时候，如何拥有一个积极的自我呢？孩子和父母在一起时，让孩子感到自己已经足够好、很被父母看重，他才能肯定自己，有了对自己的肯定，他才能去欣赏别人。

孩子需要通过成年人的肯定来达成自我肯定和认同。我一遍一遍地对孩子说："这个世界上，你是完整而完美的，你的生命是伟大和神圣的存在，你不用跟任何人去比，你只需要跟自己去比较，今天的你是不是比昨天进步了。"

看到孩子的每一点进步，及时给予肯定，孩子想要去做的事情，尽全力支持，歌德说过："彼此皆提供给对方一个稳定的空间（独自）去完成，并且放弃控制、评判、埋怨以及吹毛求疵。"

第五个阶段（12-21 岁）：自我身份确定的关键时期

这个时候，孩子会有高层次的对因果关系的思考，会开始去探索自己的梦想、感觉生命的意义、寻找人生应该怎样度过。在这个阶段，孩子生理上也渐渐发生了巨大的变化，孩子的个头猛然窜高、手脚开始变长、身体不再那么协调，出现了明显的成人特征。他们同时也会感觉到荷尔蒙在内心涌动，胆子变大、脾气变大、心情变乱。

他们开始身不由己地喜欢某个异性，想与后者单独待在一起，他们无形中总想了解自己在团体、同学和异性眼中是怎样的角色和形象。他们常常懊悔自己情绪冲动无法克制，下一次却又忍不住情绪大爆发，觉得不应该这样过日子，心中总有想做些什么或改变些什么的冲动。

孩子更愿意与同龄人待在一起，并且会开始写日记，开始锁上房门，建立自己的隐私；可能会变得更加爱争辩，会质疑成人的价值观和判断，双方发生争执时，他们可能会说："你们根本不懂。"他们愿意参加各种活动，可是兴趣的变化也很快，今天喜欢这个，明天可能又喜欢上了另外一个。孩子在这份渴望和恐惧中挣扎，在这种想实现自我、寻找自我却又不知道自己是谁的矛盾中成长。

这是一段属于自己的内心冲突的艰难的体验过程，有人称这个阶段为青春期。青春期发生的许多行为都是出于想要表现独立性、与成人平等的想法，例如说脏话、抽烟、谈恋爱、反抗父母等，都是想证明自己不再是孩子。

在这个孩子不断扩大生活领域、进一步探索人生的阶段，更需要父母的坚定支持，父母要引领孩子接受身体的变化，让孩子爱上自己的身体并且给予青少年正确的性教育，他们如何认识自己的性特征在很大程度上会决定他们是否能够发展出一种健康的性认同。同时，他们如何认识自己在很大程度会决定他们是否能够发展出一种健康的自我认同。很多孩子十多年的理想便是努力奋斗以考上一所好大学，一旦孩子考上了好大学，理想实现了，人生就没有了奔头，活着不知道为啥了！于是，俗称的“空心病”案例出现了。

北京大学学生心理健康教育与咨询中心副主任徐凯文在微课中透露，近年来，北大心理咨询中心每年的咨询量都保持着30 ~ 50%的增长率，很多同学还在等待咨询中，而且出现了越来越多让精神科医生和心理咨询师都无能为力的个案。他把这样的个案称为“空心病”或者叫做“价值观缺陷所致心理障碍”。几年前，韬以优异的成绩考上了北京大学，举家欢庆。入学后仅一个月，韬就有尝试自伤行为。入学后四个月，有尝试自杀行为。韬被送进精神专科医院住院治疗，效果不佳，不得不休学一年。一年后返回学校，他仍有尝试自伤或自杀行为，最后不得不黯然退学。

这不是一个虚构的故事，而是一个真实的案例。不久前，精神病学家和心理学家就青少年的心理发展问题进行过很多探索，与“空心病”最相关的也许是艾里克森提出的“自我同一性”理论。自我同一性是指个体在寻求自我的发展中，对自我的确认和对有关自我发展的一些重大问题，诸如理想、职业、价值观、人生观等的思考和选择。

在这个阶段，找出适合自己的角色，建立一种身份，即“我是谁”，要给孩子建立一个强大的身份认知，学习与人建立亲密关系（亲密关系和性是两回事，亲密关系指的是一种人与人之间的亲近，具有这种关系的人们是彼此开放、坦诚、关心并信任的），孩子需要通过与朋友之间的友情去练习社交技能，否则孩子便会感到空虚、无力。同时，孩子在这个阶段对理想、职业、价值观和人生观会有大量的思考，引导孩子建立以贡献为价值的价值观、人生观，并创建一个清晰的、有画面的愿景，发现孩子的天赋与才干，明确自己的职业方向。这样，青春期的孩子将不再迷茫，毕业后可以进入自己的事业期。

如果孩子已经学会把自己看作是社会上与人平等的一员，知道自己的任务是为人类社会做出贡献，而且学会把异性视为平等的伙伴，对恋爱和性有了正确的认识，青春期只会给他们提供机会，让他们开始为进入成人角色做好准备。

需求满足，成长是一定的

有位心理学家曾经说过：“人的成长就像洋葱一样，每一层代表了那段年龄的成长（要学的东西）。如果某一层在当时没有成长（没有学到应学的东西），长大以后他要用双倍甚至更多的时间来完成那一层的学习。”

一个完整的人，就像一个完整的洋葱一样，每一层都是完整和健康的。如果家长不懂孩子的成长规律，不能满足孩子的需求，甚至压抑孩子的需求，孩子长大后就会因为需求没有得到满足出现各种问题。

埃里克森把人一生的成长分为 8 个阶段，以上是人的前期成长至关重要的 5 个阶段，如果某些成长阶段的需要没有被满足，只要你现在意识到、发现了，那就从现在去开始满足它，把缺失掉的需要补回来。满足人的成长需要，其实也就是满足大脑发展的需要。这些需要包括安全感的需要、爱的需要、重要性的需要、尊重的需要、被接纳的需要、被认可的需要、主动性的需要、被肯定的需要、自由的需要等。

孩子没有问题，不需要被修理，有的只是背后的需求未被满足。需求得到满足，成长是一定的，正如树木，有阳光雨露的滋润就一定会成长。

引领故事：生如初升的太阳，死如落下的夕阳，都灿烂

一天，跟两个孩子在公园里散步，三岁半的闺女问我："妈妈，鬼是什么呢？"我说："我们休息一下吧，刚好这里有凳子。"于是，我们坐在公园的凳子上，我说："鬼是我们死去的亲人，有姥姥、姥爷，还有姥姥的妈妈、爸爸，姥爷的妈妈、爸爸，以及更多更多不认识的上一辈。"

儿子说："反正都是亲人。"

我说："是呀，我们都是炎黄子孙，其实大家都有同一个祖宗，我们与万事万物都是一体的。"

儿子说："死的时候会怎么样呢？"

我说："你还记得有一次，咱们去北京登上水长城后，看日落的情景吗？"

儿子说："记得，红红的太阳一点点往下落，慢慢收起它的锋芒和刺眼，很美、很壮观。"

我说："太阳落山也正如人们死去，死时如落下的夕阳也很美。"

儿子说："听你这么说，死好像也没什么可怕的。"

我说："是的，生和死都是美好的，关键是活着的每一天，你是否在尽情地活。一朵花，盛开的时间虽然很短暂，却在开放的时候尽情地绽放，让人们体验它的美。凋落了，也会留下美的痕迹，让人怀念它的美。同时，沉入泥土中，给树提供养分，让树木更好地生长，来年重新绽放。通过花的绽放与凋零，你看到了什么？"

儿子说："死其实是为了生，而生却不是为了死，生时一定让自己有价值。"

我说："嗯，说得太好了。你想为这个社会带去什么价值呢？"

儿子说："我希望成为像牛顿一样伟大的科学家，让这个社会更美好"。

我说："你能够在这个年龄就知道'你是谁'，我为你高兴。"

儿子说："肉体会腐朽，精神却永生，你看，爱因斯坦都去世好多年了，到今天人们都还记得他。"

我说："人最终都会死，结局是一样的。可是活着时却不一样，有人整天浑浑噩噩，虚度这宝贵的仅有的一次生命，有人却坚定而快乐地往前走，走在实现自己的价值的道路上。你愿意选择哪一种活法呢？"

儿子说："那还用说，我要选择第二种。"

作业

对照孩子成长的 5 阶段，看到未完成成长会带来的心理困扰，在表格后逐项列出自我觉察后自己需要改变和提升的问题清单，同时写下自己的提升计划。

练习

请全家人一起做会有一种仪式感。范·根纳普在其代表作《通过仪式》中，首先提出了"仪式"这一概念。人的生命总是存在从一个阶段向另一个阶段的转化，在转化的过程中需要一个仪式来提醒甚至引导自己的转变。我们生活中常见的跨年、母亲节、过生日、结婚、葬礼等以及古代的成年礼、西方的感恩节，其实它们都有一个学术名，叫做：仪式。

第二部分

贫瘠的土地能长出参天大树吗？

——搭建“爱”的小屋

所有的家庭教育专家都在讲：家庭环境很重要！作为父母，到底创建一个怎样的环境，才能让孩子在其中能够感受到“爱”？让亲子关系变得爱意融融？你爱孩子还不够，关键得让孩子感受到你的爱。

家长行动宣言

从今天开始，

我愿意放下过去的批判、指责、抱怨、恐吓、利诱、讲道理的陈旧方式！

我将为你搭建一个爱的小层，屋里装着的是接纳、尊重、理解、相信、允许！

我愿意接纳你好的一面，也接纳你不足的一面，这就是完整的你！

你会做出对你来说最好的选择。你的行为无效，动机却一定是正确、积极的！

担心是一种诅咒，相信是一种力量，我相信你会成为最好的自己！

我们一起来搭建爱的小屋，创造更加和谐的亲子关系！

第 5 章

爱是接纳——接纳孩子的所有

父母对待刚刚出生的婴儿是完全接纳的，在大多数初为父母的眼里，那个呱呱落地的婴儿是最美好、最完美的存在。当我生完我女儿的时候，看着那个未满月的小家伙，觉得好可爱。笑也可爱，哭也可爱，睁着眼也可爱，闭着眼也可爱。

更有意思的是，有一次当我把她抱在怀里逗她玩的时候，她撒尿了。尿全部洒在我的身上，我的衣服都打湿了！我很兴奋地对我家先生说："这是童子尿哇，这是我家闺女第一次撒尿在我身上啊，快给我拍照，留个纪念！"我没有觉得脏，没有觉得换洗衣服麻烦，更没有去指责女儿，因为在我眼里，她的样子和她做的一切都是可以接受的。相信很多家长的心情和我是一样的，孩子小的时候，我们对他是满满的喜欢和完全的接纳。我们只有一个期望，那就是只要他健康、快乐就行。

随着孩子长大，怎么毛病和问题越来越多？

但是，随着孩子长大，我们对孩子开始寄予各种期望，对孩子的要求越来越高。因为我们从小的教育灌输的是强肉弱食，资源有限，我们要去跟别人竞争，我们只有赢了竞争才能得到更好的。在与别人家的孩子的比较中，看到自家孩子的成绩比别人差，我们就恨铁不成钢地想要去改变他，我们希望自己的孩子是最优秀的人，希望他能得满分，希望他能够按照自己设计的路线茁壮成长，成为我们的骄傲。

看到孩子有缺点，我们怕缺点成为孩子未来的绊脚石，拼命帮助孩子改正缺点。同时我们有输不起的心态，只有一个孩子，如果将来没出息不成才，这可咋办？孩子成绩不好，我们怕孩子考不上名牌大学，拼命让孩子上补习班，钱花了成绩却没有上去，我们更烦恼了。看到孩子不合群，我们受集体意识的影响，认为人脉等于金钱，孩子不会建立人际关系，这可咋办？我们太喜欢求同，孩子想当哲学家，社会上赚钱多的职业不包括哲学家，这怎么能行呢？我们自身受家庭、教育、文化、社会集体意识等方面的影响，担心孩子在竞争中失败，担心丢失脸面，我们越来越不能接纳孩子的不一样，越来越努力地试图去改造孩子，想把他打造成完美的、优秀的。

孩子真的需要被改造吗？我们一起来看看。

当孩子和你想法不一致时，是孩子的错吗？

女儿正在上幼儿园，因为以前提过要带她去四川，她偶尔会说想去四川。

有一天，我对她说："11 月份，咱们俩去四川玩一次吧，那里有川剧、有九寨沟、有大熊猫。"

我的想法是，11 月份是旅游淡季，人少价钱还便宜，因她又在上幼儿园，耽误几天课也无所谓。

她却说："我不去，我要拿全勤奖，请假就拿不了全勤奖了。"

（孩子的想法却是不能耽误上课，要拿全勤奖。）

世界上没有两个人是完全一样的，别人的想法与我们不同很正常，当然孩子的想法与我们不同也很正常，而很多时候，如果孩子做的事情我们不认同，我们就会指责孩子；如果孩子的想法与我们相左，我们就会对其冷嘲热讽；如果孩子的观点与我们不同，我们就要去纠正。

事实上，不会有两个人的想法和认识完全一样，每个人的经历、经验、知识背景、看问题的角度等不同，对同一个问题可能会得出完全不同的结论，会有完全不同的想法。想法也没有绝对的好和不好，没有完全的对与错，就如盲人摸象一样，每个人的想法站在自己的立场上都是对的。

孩子的性格是否真的有缺陷和不足？

还有很多家长对孩子的性格不太满意，抱怨孩子太内向或是太外向、脾气太急或是反应太慢太磨蹭、性格太固执太倔等，并且总是想要改变孩子的种种……

俗话说，娘生九子各不相同，即使同一对父母的孩子，性格都可能有天壤之别。工厂流水线生产的产品，还会有细微的差别呢。性格有好坏之分吗？有的人因为自己内向而自卑，有的人因为自己外向而烦恼。有的人讨厌自己是急性子，而有的人又觉得自己性子太慢不好。万事万物都是相对的。宇宙有白天也有黑夜，有高山也有低谷，有上也有下，有手心就会有手背，这一切都是完整宇宙的一部分，没有绝对的好坏。

《正安静：内向性格的力量》的作者苏珊·凯恩曾经在 TED 演讲上总结说：“事实上，很多有改革力的伟大领袖，都是内向的人。罗斯福、罗莎·帕克斯、甘地……这些人对自我的描述都是内向、文静、说话温柔，甚至是害羞的人。”我们能说外向好内向就不好吗？

孩子的才能和天赋是否会和你期待的一致？

很多家长总希望孩子比别人能干、比别人优秀，看到别人的孩子考了第一名，也总想自己的孩子也考第一名；看到别人的孩子会弹钢琴，也希望自己的孩子去学钢琴；希望孩子学好美术，一看孩子不感冒就有脾气……

我们暂且不谈论谁对谁错，先看看如果遇到下面这 3 种情况的孩子，你是否能接受呢？

有一个男孩，三岁多还不会讲话，父母很担心他是哑巴，曾带他去给医生检查。还好他不是哑巴，可是直到九岁时，这个孩子讲话还不很通畅，所讲的每一句话都必须经过吃力且认真的思考。但是他的母亲却十分相信他，认为：“我的孩子并不傻，他将来一定是位了不起的大学教授！”这个男孩就是爱因斯坦，如果他没有一个完全接纳和认同他的妈妈，也许就不会诞生这位伟大的科学家。

另一个孩子从小就患有注意缺陷障碍伴多动症。这是一种遗传病，人群发病率约为 5%，一般在 5 岁前发病，在需要认知参与的活动中缺乏持久性，身体活动过度、控制不佳、粗心大意，同时伴有认知、运动或语言发育的延迟。因为这个原因，他的学习成绩一直不好。一位游泳俱乐部的教练在一次体能测试中，发现了他的天赋，向他的妈妈建议他专攻游泳。妈妈说服他参加了游泳队，这个孩子就是有“飞鱼”之称的世界著名游泳健将菲尔普斯。

每个人的天赋是不是不一样呢?试想一下,如果让爱因斯坦去游泳,让菲尔普斯去搞科研发明,结果会怎样?

还有一个孩子出生于1982年,一生下来就没有双臂和双腿,只在左侧臀部以下的位置有一个带着两个脚指头的小“脚”。一开始,他的父母也无法接受这个残酷的事实,但是后来他们接纳了自己的儿子,不放弃对儿子的培养,希望他能像普通人一样生活和学习。当他8岁的时候,父母把他送到学校像其他孩子一样上学,没有父母在身边,他饱受同学的嘲笑和欺凌。10岁的时候他试图把自己溺死在浴缸里但没有成功。

他的父母一直鼓励他学会战胜困难,父母的爱和接纳让他有了活下去的勇气,并逐渐交到了朋友。在13岁时,一则有关残疾人自强不息的新闻让他受到启发和鼓舞,他从此决定把帮助他人作为自己的人生目标。经过长期的训练,他能够像普通人一样生活自理,而且还学会了写字、踢球、游泳、用电脑、玩滑板、冲浪等,会玩很多运动项目,并娶妻生子。他到世界各地去演讲,激励了很多像他一样的残疾人重新找到自我、找到自己的人生使命。他就是澳大利亚知名演讲家力克·胡哲。

如果不是父母的接纳、支持,他将可能像绝大多数残疾人一样,依靠别人生活一辈子。

“天生我材必有用”,每个孩子都有自己独特的天赋才能,只要你去发现、去接纳,并把它用到恰当的地方,孩子就会像褪去灰尘的金子一样闪闪发光。但也要知道,用错了地方的资源也会变成垃圾。

你眼中孩子的缺点是真的吗?

周围不乏父母抱怨孩子的缺点:“我家的孩子就是马虎,总是把会做的题做错!”“我家的孩子缺乏毅力,制定计划后老是不执行!”“孩子学习太不用功,学不了一小时就要出去玩!”“孩子就是太内向、太胆小。”“孩子太不负责任了!”……

你有做错工作的时候吗?你有制定计划不执行的情况吗?你看书能够看多长时间?你有胆怯的时候吗?你有不负责任的时候吗?我们的不接纳,往往源于我们过于追求完美。要求自己完美,要求孩子完美。而我们对完美的定义是狭隘的,我们以为只有好的东西才是美好的。其实我们只接纳了一半，万事万物都有两面，它们互相依存。完美和不完美都是我们的评判，实际上没有绝对的完美，也没有绝对的不完美，只存在事实。情况可以往好的方向发展，也可以往坏的方向发展，这取决于你怎么对待它。

我的导师玛丽莲博士曾经说过，大师永远拒绝看到别人身上的缺点。这是因为大师们知道，你把它看成是优点，它就是优点；你把它看成是缺点，它就是缺点，关键在于你怎么看。所谓的缺点并不一定是真正的缺点。

当我在 8 年前明白这些道理的时候，我就彻底放松了，完全地接纳了自己的两面性甚至多面性，在后来养育孩子的过程中，我也完全接纳了孩子们的两面性和多面性。例如我儿子，现在 9 岁，平常周末，要是不去旅游，他就喜欢宅在家里，不愿意动，对此我完全接纳，正是因为他喜欢静的性格，也让他能够专心做事，譬如拼乐高积木、读大量的书，甚至发呆，每次发完呆，他就会向我提出很多问题。他能这样专注地学习和思考，正是别的家长所羡慕的。

缺陷成为独具辨识度的特征

我们可能对自己有各种各样的不满意，不满意自己的长相、性格、才能等。很少有人完全接纳自己的长相，要么觉得眼睛太小，要么就是皮肤太黑，要么就是个子太矮，总之是不完美。实际上，没有绝对的美，所以也就没有完美。

加拿大籍超模温妮·哈罗在 4 岁时患上一种罕见的疾病，身上留下白斑块，年幼时饱受同龄小孩的嘲笑，讥笑她是“乳牛”、“斑马”。懂事后的温妮·哈罗渐渐接纳了自己的外在样貌，她慢慢了解到旁人的眼光不应该成为伤害自己的利器，自己必须勇敢地接纳事实，唯有勇敢才能克服所有的阻碍。

当时，19 岁的温妮参加了 2014 年第 21 季全美《超级名模生死斗》节目，并在这个红极一时的超模新秀大赛中角逐冠军，那些让她从小感到自卑的斑纹，在这时成了她独具辨识度的最美特征。温妮说：“缺陷是我前进的动力。”

世界上没有完全相同的两片树叶，世界也正是因为多样性和个体的独特性才美。大家想一下，如果选美大赛上都是锥子脸美女，像一个模子刻出来的，你还会觉得美吗？再放大一点，如果我们这个世界上的人全是锥子脸、一样的身高、一样的体重，你对此的感受又是什么呢？

孩子原本很好，是家长的不接纳放大了孩子的缺点和劣势

《圣经》上说："你们要像小孩子，才能进天国，因为天堂是他们的。"孩子原本很好，他们来到这个世界时，一无所知，他们对待生活中一切问题的方式基本上是从父母身上学到的。在成长的过程中，父母和周围的人让孩子认识到自己身上具有的特质可以用"好"与"坏"、"优点"与"缺点"来区分，"优点"要发扬，"缺点"要改正或掩饰。当父母一遍遍地指出孩子的缺点的时候，孩子体会到的便是自己不够好，自己很坏，自己不行，让孩子越来越对自己失去信心，缺乏勇气，逐渐变得懦弱且胆小，不敢做自己，完全失去了自我。

什么是接纳？

那么，什么是接纳呢？接纳就是接受事物本来的样子和事实，不抗拒，不去改变它，带着平和的心态去看到它的存在，对自己说："是的，孩子就在那里，他是一个完整的人，他就是他，我接纳他本来的样子。"

观察一下我们身处的地球，你就能明白什么是接纳。在自然界中，各种植物和动物在地球上自由地按照自己的样子、自己的节奏生存、繁衍，有名贵的楠木，也有不知名的灌木；有高大的树，也有弱小的草；天上地下和江河湖海里有各种动物和微生物！在地球上可以看到各种各样的地貌，有高山，有平原，也有峡谷。自然界中有千姿百态的美景，同时有干涸、贫瘠和枯萎。大自然承载着这一切的存在，允许万物如它所是的样子存在、生长、消亡，这就是接纳。

每个人都是一个小宇宙，孩子的身上有勤奋的一面，也有懒惰的一面；有外向的一面，也有内向的一面；有聪明的一面，也有愚蠢的一面。允许所有的可能性存在，接纳孩子的所有，去正视它，这是家长最应该做的功课。

怎样才能做到真正地接纳孩子呢？

首先要接纳自己

在这里，我想请各位父母给自己打分，对自己生活的满意度、对自己身体的满意度、对自己性格的满意度分别打分。一分是一点满意，十分是非常满意。凭着你们自己的感觉打分就好，分值没有对与错，只是让我们对自己有一个了解（如下表）。

分值 / 选项	一点满意……………………………………非常满意									
	1	2	3	4	5	6	7	8	9	10
对自己生活的满意度										
对自己身体的满意度										
对自己性格的满意度										

每次我在课堂上让学员给自己打分的时候，很少有人能够给自己全都打 10 分，可以看出，我们对于自己或多或少都存在着不满意、不接纳。也正是我们对自己不接纳，所以才会对孩子不接纳。

要做到对孩子的接纳，我们首先要学会接纳自己，这是我们父母成长的必修功课。

其次，要尊重生命的差异性，接纳孩子独特和本来的样子

只有当我们真正地尊重生命的差异性、接纳孩子本来的样子、接纳孩子的独特、接纳他有自己的节奏时，孩子才会获得力量去创造美好的生活，而不是去和别人竞争。试想一棵西红柿苗，它能结出可口的西红柿，但你却要求它开出玫瑰一样鲜艳的花朵，即便你想尽各种办法，也不会如愿，最终可能是既不开花也不结果。如果我们用适合西红柿苗生长的方法去灌溉、施肥，那么它会结出很多的西红柿，这才是一颗西红柿苗最大的价值体现。

观察一下我们和孩子之间的冲突，它们往往来自我们对孩子的不接纳，因为我们对孩子本来的样子不满意，所以一心想去改造他，把他身上的所谓缺点都擦干净，把所谓的不足都弥补上，让他成为完美的人。

接纳完整的自己和孩子，让孩子获得更多的力量

我们的身上具有一切积极和消极的特质，并且在积极和消极两方面都拥有无限的潜能，关键是接纳这两方面的特质，并引领孩子往积极的有价值的方面发展。例如，同样是执着，有孩子对学习执着，有孩子对游戏执着，一个是向积极方向发展，一个是向消极方向发展。接纳孩子是父母应持有的最基本的育儿态度，接纳是改变的开始。接纳能让孩子感受到父母的爱，学会认可自己，也让孩子能够看到生命的差异，学会接纳别人与自己的不同，学会包容。接纳让我们感觉自己很好，让我们有力量去做想做的事情。

最后，让我们一起来欣赏下面这首小诗。

接纳才会拥有

天空接纳了云朵，才拥有彩霞；
江河接纳了小溪，才拥有浩瀚；
土地接纳了种子，才拥有收获；
人生拥有了接纳，才拥有改变。

引领故事：接纳是改变的开始——从丑小鸭变成白天鹅

有一个叫聪聪的小男孩，在幼儿园里只上了中班，没有上大班。中班老师没有教拼音和写字，可是那一年恰逢教育部改革划片区上学，一旦年满六岁，就必须上小学。以前父母想着让他到七岁的时候上一年级，谁知一改革，不上一年级都不行，只能匆忙中让他去读一年级。

他从中班一下子到了小学一年级，他不会拼音，也不会写字。其他小朋友都上过大班甚至学前班，会拼音、会写字，全班只有他一个人不会。又换了新的环境，老师非常严肃，与幼儿园里宽容的老师截然不同。那段时间恰逢他的妈妈回家生妹妹，只有他和父亲两人在北京。父亲工作忙，陪他的时间不多，他一下子处于比较混乱的环境之中，每天都不想上学。一年级前两个月，每次考试都不及格，总是被老师留下来写作业。

两个月后，妈妈返回北京。回来的第一天，妈妈把他搂在怀里，然后说："儿子，这两个月你在学校里辛苦了。妈妈知道，你刚刚上一年级，有很多东西都需要去适应，你非常地不容易。"

他哗哗流泪。

妈妈又说："儿子，你知道吗？成绩不好，不代表你这个人不好。你看体育运动员，他们在体育方面比较厉害，可是文化课成绩不理想。你看那些音乐家、舞蹈家，他们在音乐方面很厉害，可文化成绩也不一定都理想。成绩不好只代表对知识的掌握程度。"

又说："每一个人都有自己的优势，我们肯定有一些优势是别人没有的，我们要去把它找出来，你的优势是什么？"

孩子止住眼泪，看着妈妈。

妈妈说："你知道吗？你的语言表达、推理能力、阅读能力都很棒。只是你需要调整心态，适应变化，同时，你要看到，每个老师处理事情的方式也不一样，并不是严厉的老师就不好，老师有严厉的时候，也有慈爱的时候，就像你一样，有笑的时候，也有哭的时候。但是，妈妈想要你记住，无论成绩好与坏，妈妈都爱你，而且永远爱你。我们一起来面对、一起来想办法，可以吗？"

孩子点点头，妈妈全然地接纳和信任让孩子感到了安全。

一年级下半学期，聪聪的成绩逐步上升，由最初的不及格到八十多分、九十多分。到二年级的时候，每次成绩都考到九十分以上，甚至满分。在三年级的时候，聪聪在班上以三分之二的票数成功当选班长，成绩也一直名列前茅。

有一天，他学到一篇课文，叫丑小鸭变成白天鹅。他跟妈妈说："妈妈，你知道吗？当我读到这篇文章的时候，我的眼泪都流出来了。我觉得我在一年级的时候就是那只丑小鸭，觉得自己不够好。可是你不指责我、不批评我，还耐心地指导我学习高效的学习方法，让我感到满满的爱，让我觉得我是可以的。我就自己对自己说：'别人能做到的事情我也一定可以做到。'"

作业

现在，请你列出你的优点，同时列出你的孩子的优点，列得越多越好。之后列出你的缺点，同时列出你的孩子的缺点。优点和缺点都列出来后，做下面的练习。

练习

两个人一起做练习，如果能跟孩子一起做最好，或者自己一个人练习也可以，用左手代表A，右手代表B。

A（左手）说：我有……（如勤快的）一面，也有……（如懒惰的）一面，请你接纳我有这两面。

B（右手）说：我看到了，我完全接纳你。

如此反复，A先说完，直到想不到话语了，然后A、B调换位置再进行。

第 6 章

爱是尊重——尊重孩子的选择权和内心需求

我们每个人的内心都渴望得到他人的尊重。威廉·詹姆斯曾说："人内心最深沉的渴望就是得到充分的尊重。""尊重他人"几乎是每个人经常提到的或是教育孩子时经常强调的，被奉为一种优良品格。可是在现实生活中，我们家长是否真的做到了尊重孩子呢？

我们一起来看看，下面这些话语和行为你是否熟悉？

"我是你妈，你就得听我的！""大人说话，小孩不能插嘴！""你有必要做这个，不想弄也得弄，没得商量！""你傻啊，怎么不说话？""你必须得学 **，将来有一技之长，我这是为你好！"……

孩子说："妈妈，我要这个。"妈妈说："这个不好看，我给你买那个。"

孩子说："我想去外边玩会儿。"妈妈说："不行，先把作业写完，不写完不许去！"

相信你能见到很多这样的场景，或许有人会问，这样有什么不对吗？

不应该发生的悲剧

《今日说法》曾报道过一个真实的故事。

在父亲陈刚的回忆中，陈欣然是一个善良、乖巧的女儿，一直很听家长的话。2015 年，陈欣然初中毕业，她第一次和家长对着干，剪了一个非常短的假小子头。上高中后，陈欣然经常和朋友们在外玩耍，很晚回家。夫妻俩试图找出女儿言行大变的原因，他们跟踪女儿，给女儿朋友的父母打电话，这让陈欣然十分反感："我没有一点隐私、没有一点空间，还没有一个朋友。"

后来父母希望孩子变好，把她送到山东科技防卫专修学院，这是一所专门针对存在网瘾、逃学、厌学、离家出走等心理障碍的学生开办的学校。在学校里，陈欣然接受了几次心理辅导，老师在记录表上写道：该生的父亲一直对她控制很严，包括对她的交友、学习、消费等等，基本上剥夺了她选择的权利。

陈欣然对父亲的积怨，似乎很早就开始了。小时候，父亲经常打她，长大后，尽管父亲不再对她动手，但仍处处干涉她的自由。初中时，体育成绩优异的她想要专门练体育，但父亲反对，陈欣然已经报名参赛，父亲却不让她去。母亲李梅夹在父女俩之间，左右为难，后来她被女儿控制在家里。9月12日，李梅给女儿写了一张纸条：你是个优秀的好孩子，只是咱们沟通太少，你也渴望妈妈的陪伴，你真的是我的好孩子。可陈欣然觉得，母亲是来监视她的，她已经失去了对父母的尊重和信任。她把母亲从七楼转移到六楼，捆绑在椅子上，从那之后，没再提供过吃喝。9月16日4点，李梅因呼吸循环衰竭死亡。

看到这样的事实，我们在震惊之余，更应该反思我们的教育，如果我们不是一味地要求孩子听话、服从，而是更多地从孩子的角度看待问题，了解孩子的内心需求，让孩子感受到尊重和爱，这样的悲剧也许不会发生。

平时嘴上经常说“尊重他人”很重要，这个他人在好多父母的概念里是不包括孩子的。太多的父母认为孩子应该尊重父母，小的应该尊重大的，而大人，尤其孩子是“我”的孩子，更因孩子思想不成熟、经历太少、容易犯错，所以应该听父母的话，可事实是什么呢?

父母需要尊重孩子吗?

人本心理学家马斯洛提出了著名的需求层次理论，见下图。

其中第四层次就是尊重的需要，马斯洛需求层次原理告诉我们，不论是大人还是小孩，尊重正如我们都要吃饭一样，每个人都需要，而且是深层的需要，是精神的需要。当孩子的生理、安全和感情的需要基本得到满足后，更高级的尊重的需要和自我实现的需要就成为他们的渴望。这两种需要是通过内部因素才能满足的，而且一个人对尊重和自我实现的需要是无止境的。

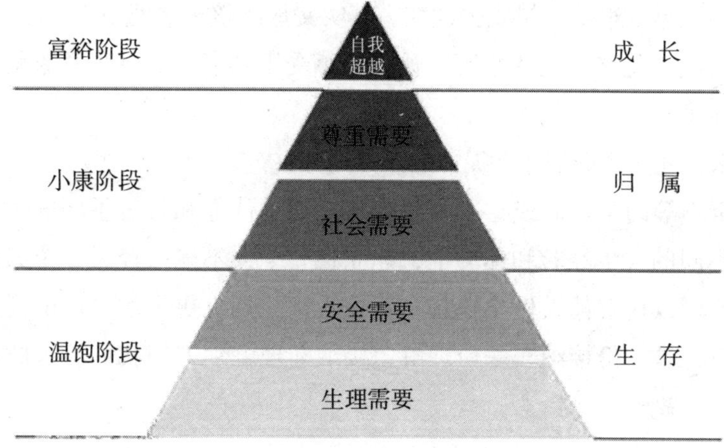

你也是残暴的国王

一个朋友的孩子刚成家不久，某天一起吃饭时，谈起童年的时候，他跟我诉说了很多。

> 记得在我小学三年级的时候，我要去参加同学聚会，我想穿奥特曼的 T 恤，妈妈觉得不好看，非要我穿衬衣，她认为那样更帅。我们俩僵持了半天，最终拗不过妈妈，还是选择穿了衬衣，可是在整个活动中，我一点也不开心。我在心里想："妈妈，我恨你，你怎么不让我自己选择？你喜欢的并不一定我也喜欢。"回来后，妈妈却说："宝贝，我这么做也是因为真的爱你。"
>
> 当时我很弱小，妈妈很强势，我只能闷在心里，并且从那以后，妈妈让我穿什么，我都不反对。长大后，我以为妈妈这样就是爱。等到自己进入婚姻生活，也希望爱人能够听我的，按照我所说的去做，如果她不按照我所说的去做，我就以为她不爱我。直到有一天，我听了你的课，我才明白，妈妈强奸了我的选择权，不仅没有尊重我的选择权，更是误把操控当成了爱。

我们家长的心中有一套行为准则，会用自己认为的是非对错准则来约束孩子。凡是符合自己心中标准的便会开心、接受，如果不适合自己的标准，便会反感、难受，想要去改变。其实父母跟孩子之间没有大事，可是，正是因为我们忽略了这些小事，让孩子感受不到尊重，日积月累就会带来更大的问题。

那么，究竟尊重是什么呢?怎样做到尊重?

尊重不等同于认同或喜欢，尊重建立在承认你和我是不同的生命体并且有着不同的人生经验和体验上，建立在一个人不能操控另一个人的基础上，更不可以代替他人做出抉择，每个人都比别人更了解自己的需求。真正的尊重，是一份接纳、一份理解，接纳和理解别人与我们不同的那些选择、思想、做法、要求。

尊重孩子的选择权

有一年5月份的一天，天气已经很热了，我家闺女2岁半，她出去玩的时候要穿印有小猫图案的鞋，是冬天穿的鞋，比较厚。我建议她穿凉鞋，她不愿意，我劝说了几次后，突然意识到，她和我的感受说不定不一样，而且让她体验一下热天穿厚鞋也没有什么大不了，我不能替她做出抉择，我就没有再坚持。她穿厚鞋出去玩了一会儿就喊脚热，不舒服，我把鞋给她脱下来，抱她回家。回到家，我问她："你是不是觉得很热?"她说："对!"我说："那你明天出去玩，是穿凉鞋还是这双鞋?"她说："穿凉鞋。"

当孩子要去做一件事，她体验到了不好的感觉，下一次她便会选择另外的让自己感觉好的方式。好的选择，她得到好的结果；不好的选择，她得到经验和教训。既然都是得到，何不让孩子自己选择!如果父母强制要求她，就算她服从了，可心中总不甘，时间长了，便觉得父母事事掌控自己，不尊重自己。

孩子自己能做出当下最好的选择

一个人的选择，是根据他的经验、知识、成长环境和理解所做出的，而且一个人不可能知道这个选择明明是错误的还去选择，人都是因为感觉正确，才选择它的。孩子做的选择，就算在家长看来是错误的，那又何妨呢?孩子的人生才刚刚开始，让他们去体验自己的选择所带来的后果，如果这个后果让他感觉不舒服，他不是长了一个经验吗？下次再遇到类似的情况时，就可以做出更好的选择。正如俗话说的“吃一堑长一智”。我特别欣赏一句话：我宁愿孩子在我的身边，把所有的错误都犯一遍。我常常在想，孩子早一些犯错误比他晚一些犯错误，哪个会更好呢？

事情没有绝对的“对”与“错”

还有更重要的是，事情其实没有绝对的“对”与“错”。

“对与错”的标准全在你的心中，符合你的利益，你就认为是对的；不符合你的利益，你就认为不对，所以所谓的“对”与“错”，只是你内心中的一个评判。比如榴梿，我有个朋友就特爱榴梿，只要是榴梿做成的产品都爱不释手，看到榴梿就流口水；然而对于我来说，我觉得榴梿特臭，每次别人吃榴梿的时候，我就躲得远远的。榴梿有错吗？榴梿就是榴梿，它就是一种水果，喜欢与否只是你依照自己的感觉来判断的。

再举个例子。我有一个女性朋友是内蒙古的，当初跟老公离婚，每个人都不看好，觉得一个 35 岁的女人，还带个孩子，离婚后生活太不容易了。可是事实是，后来她来北京发展，现在嫁了一个北京老公，前年还生了一个女儿，现在生活得非常幸福。离婚是一个事件，离婚没有好与坏，好与不好只是人们内心的一个判断或推测。所以事物本身没有对与错，对与错只是你的评判而已。

比如，孩子非常淘气，你觉得不好；可有的家长却觉得，淘气代表一个孩子旺盛的生命力。俗话说，越淘气的孩子越聪明。

也有很多父母觉得孩子太安静，抱怨孩子不爱运动；可有的父母却觉得，安静的孩子更沉稳、更能坐得住、更专心。

好与不好，只是我们自己的一个评判而已，只是看待问题的一个角度而已。我们很多人看待问题的时候，只会从自己的角度出发去看问题。正如下面这幅图一样，大家可以看到的三个方面都是真相，很多时候我们却往往只看一个方面。

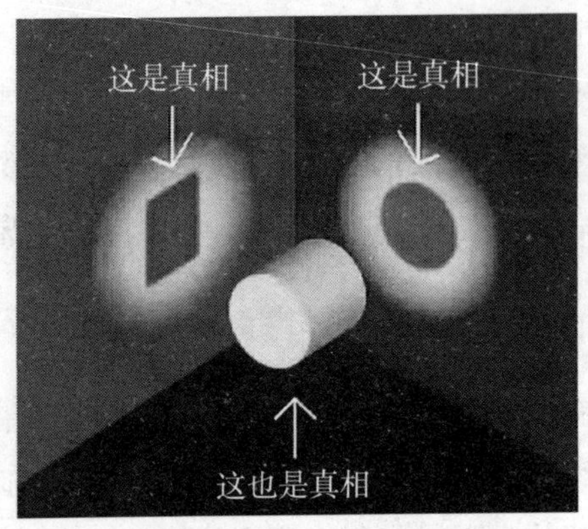

尊重孩子的内心需求

成人对于孩子了解多少，又愿意了解多少呢？电影《死亡诗社》中有一个片段，影片中的一个孩子，他连续两年的生日礼物都是完全一样的精美的文具盒，但是他一点也不喜欢文具盒。父母其实并不知道孩子的真实需求是什么。

所以，想做一个称职的家长，我们应该常问自己，“我如何能够满足孩子的需要”，而不是“我如何能让孩子听我的话”。

我女儿不到3岁的时候，迷上了骑自行车，她想要拥有一辆自行车。我们去迪卡侬买，她特别喜欢车上画着小猫的粉色自行车，粉色自行车需要五百元钱。姥姥觉得这个自行车有点贵，想给她买299元的蓝色自行车，可小家伙一直说要粉色的自行车，两人在那里僵持着。我走过去问女儿：“你为什么想买粉色的自行车？”小家伙说：“因为我喜欢那个小猫，我觉得小猫漂亮，我就是那只小猫。”我就坚定地付款给她买了那辆粉色的小自行车。

姥姥想买便宜的，是因为她觉得贵，想买便宜的来省钱，满足的是自己的需求，而孩子的需求是想要自己喜欢的、觉得漂亮的。我在想，如果一件东西我不喜欢，我也不想买，孩子想买自己喜欢的无可厚非，而且这个价格我也能接受，我就满足她的需求。

说到这里，你可能会说，那孩子要什么，我就买什么吗？在这里我要特别说明一下，如果你不想给孩子买，也请你坚定而温和地告诉孩子，爸妈不能满足他的需求的真实原因，而不是带着情绪或以强势的态度说："就是不能买！我说不能买就不能买！我是你爸或你妈，你得听我的！"不能以这样的态度来对待孩子。

让孩子听话，尊重很难发生

一般来说，当面对分歧时，请你告诉自己，我要放下"让孩子听话"的想法，孩子的需求是什么呢？去问问孩子，他此时此刻的想法是什么？他为什么一定要这样做？这样做的好处是什么、弊端是什么？大点的孩子都可以表达清楚，这样孩子将学会表达自己，而不是压抑自己。

作为家长，我们要知道孩子的成长需要经历 5 个阶段（详见本书第四章），在每个阶段孩子的需求都不一样。我们家长需要去了解孩子成长的每个阶段的需求是什么，同时我们也要花点时间去反思我们所提的要求的价值或必要性。

当我们希望孩子听话的时候，我们表面的想法是，如果孩子不听话，不按照我们的想法建议去做，那这个孩子将来怎么能够成功呢？可是真真正正地回观一下我们的内在，是因为我们觉得，家长的权威和尊严受到了挑战！家长表面的道理是，这样下去，孩子将来没法成功；而真正内在的深层原因是，父母的权威受到挑战，或是怕孩子失控，或是想把你自己人生经历中所得到的教训套入孩子的人生中。

在这儿我得声明，我不是鼓吹让孩子不听话，我是想让大家理解，真正需要孩子听话的时候不多，除非可能有危险从而威胁到人身安全时，才可以要求孩子听话，平时没有大不了的事，最好避免使用"听话"一词。如果你有"让孩子听话"的想法，尊重就很难在家里发生。当抱有"让孩子听话"的想法的时候，我们是站在高处的，孩子得服从。没有平等，就没有尊重。每一个人的人格都是平等的，我们要把孩子看成是一个和我们平等的人，只是他的身躯比我们小一些而已，是一个小人而已，但他是独立于你的，不是你的私有物品，也不是你的附属品。

所以每当有分歧的时候，把孩子想象成你的朋友，问一下自己，我有权利让朋友听我的话吗？你只有建议权，而没有强制权。正如纪伯伦说："你的孩子，其实并不是你的孩子，他借你而来却非因你而来，你可以给他以爱，却不能给他以思想，因为他有自己的思想！"

孩子比家长更清楚自己的需求

托马斯·戈登曾经一语中的地说过："孩子有时候比家长更清楚自己是困还是饿，更了解自己的特点，更了解自己的抱负和目标，更了解不同的老师是如何对待自己的，更清楚隐藏在自己体内的冲动和需要，更知道自己爱谁、不爱谁，更知道自己喜欢什么、不喜欢什么。所以，无论如何，我们不能总是仅仅因为我们自己更成熟，就一定觉得比孩子更洞悉他们自己。"

尊重孩子，也尊重了你自己

我们之所以要尊重孩子，是因为成人对孩子没有那么多的了解，孩子的一举一动也不可能被我们全部知晓。我们最好的办法是尊重孩子，相信他这样做一定有他的道理，而且他会做出他当下认为的最好选择。每一个人的需求不一样，父母也没法得知孩子所有的需求，而孩子比父母更了解自己成长的需求。

当涉及孩子的事情时，征求一下孩子的意见、听一听孩子的想法、了解一下孩子的需求；遇到分歧时，说一下各自的建议和主张、这么做的理由，你们会找到双方都能接受的方法。

当涉及孩子或他人的行为时，需经允许后方可进行。我常常会跟孩子们说："如果一个行为涉及别人时，你需要征求别人同意后才能实施；如果不经别人同意就做，这就是对人不尊重。当然，如果别人未经你同意而对你实施了行为，你也要告诉他他没尊重你。"

当我们做到尊重孩子时，他也会尊重别人、尊重父母，同时也更有可能得到别人的尊重。小时候没有得到尊重的孩子，长大后也不会尊重别人（包括父母），且极有可能有很强的控制欲和占有欲，这种结果就不是我们想要的。

尊重孩子的选择和内心需求，让我们付诸行动吧！

引领故事：尊重你的选择——抛弃《王者荣耀》，走向光明

2017 年 3 月末的一天，我突然发现自己手机微信里给孩子姥姥微信转账 100 元钱。我当时纳闷，孩子姥姥没说要交手机费呀。然后我翻看微信里的转账记录，这一看不要紧，3 月份陆续转了好几笔钱到孩子姥姥的微信里，我感觉到了不对劲，于是叫来儿子问这件事，儿子沉默不语。后来我把孩子姥姥的手机拿过来一看，发现手机里装有《王者荣耀》的游戏，再查看微信转账记录，发现钱都转到游戏里充值了，事情一目了然。

我问他："钱是你转的吧？游戏是你玩的吧？这是事实吧？"

他点点头。

想到当时已经很晚了，第二天还要上学，而且我注意到自己也有些愤怒的情绪，在情绪中处理事情也达不到效果，我就没有多说什么，让儿子睡觉去了。

第二天放学后，我开车把他接到咖啡馆里，两个人坐在安静的角落里。

我温柔地说："妈妈爱你，永远爱你，这一点不会因任何事情而改变。"

他有点紧张地看着我。

我对他说："儿子，放轻松，我只想与你开心地聊一聊。我尊重你的每一种选择，包括打游戏，如果你觉得游戏对你来说是最好的生活方式，你可以继续打游戏。现在，请你慎重想一下，你是不是将来以游戏为职业？"

儿子不说话，摇摇头。

我说："如果不是，那请你想一下，打游戏会不会影响你的学习，会不会影响你将来上心仪的大学？刚好今天上午，班主任老师也打来电话，说你最近一个月上课老走神。"

儿子沉默着，我看到他眼里有泪花。

于是，我伸手抱着他，用手牵着他的手，说："你想一下，你现在8岁多，如果一直沉迷于游戏，功课肯定会落下，你会上一个什么样的初中？初中继续打游戏，会上什么样的高中？有可能高中就不想读书了。你看一下，亲戚中的哥哥姐姐们便是这样，对吗？”

他点点头。

我说：“对于任何事情，你有不同的选择权。如果从今天开始，你选择跟以前一样努力学习，理想的大学会不会更容易实现一些呢？”

儿子这时候的情绪已经好转，开始有了笑意。

然后我说：“儿子，想象你前面有2条路，一条路是通往游戏，每天心里想着通关、想着装备，一年以后，你能看到什么？听到什么？感觉到什么？”

儿子说：“妈妈，我看到学习成绩下降了，老师批评我，同学们也不羡慕我了。”

我说：“时间再过去6年，你要考高中了，这时候成绩非常差，你心中是什么感觉？”

儿子说：“我很内疚。”

我说：“如果一直这样下去，你的理想能够达成吗？如果没有达成你的理想，你会后悔吗？”

儿子说：“会。”

我说：“那再来看看另一条路，从今天开始，你放下游戏，开始投入学习，一年以后，你又能看到什么？听到什么？感觉到什么呢？”

他说：“我看到老师越来越欣赏我，成绩也越来越好，同学们称赞我。”

我说：“时间同样过去6年，你要考高中了，这时候你的成绩很优异，你心中是什么感觉？”

儿子说：“我为自己的努力而无憾，我为自己骄傲。”

我说：“那当你高中毕业时，你进了理想的大学，实现了自己的人生理想，那时候你会怎么样？”

儿子说：“我会为自己庆贺。”

我说：“你有权利选择你的人生方式，是继续游戏还是放弃。一个人对别人有价值，别人就会尊重你；同时一个人活出了自己的价值，也做到了自我尊重。如果游戏是你非常喜欢的，而且是你追求的价值和理想所在，那我也会尊重你的选择，你觉得游戏满足了你什么样的需求？”

儿子说：“游戏只是我一时好奇。”

我说：“对一件事情好奇是很好的事情，如果连好奇心都没有了，那活得还有什么意义？”

儿子笑了。

我又说：“事情了解过了，如果不能够达成目标和结果，反而会带来相反的目标和结果，我们是不是选择一种对我们最有利的方式呢？”

儿子点点头。然后，我又给他视觉化了理想，让他看到 30 岁时，他活成了自己理想中的样子的情景，我们两人一起快乐地描绘着未来。这次谈话进行了一个小时。

第二天，儿子对我说：“妈妈，我从今天开始，我不再 7 点 30 到校，我要 7 点到校，这一个月的课程我需要多复习一下。”

我说：“好的，我完全尊重你的选择。”

这件事情已经过去一年多了，他没有再玩游戏。我后来想，太多的父母在对待孩子玩游戏这件事情上，会非常愤怒，会说许多道理强制要求他放弃游戏。这样的方式，有可能导致孩子继续玩游戏；孩子有可能会背着父母偷偷玩游戏；也有可能不玩游戏了，但学习也没什么起色……用教练式的谈话，孩子感受到了深深的爱与尊重，便会从内心深处愿意真正地改变，这便是生命的成长。

作业

选择这些话语去进行确认

1. 我是智慧的，孩子也是！
2. 每个人都做出当下最好的选择！
3. 每个人都有每个人的路！
4. 每个生命都是平等、自由的！

练习

磕长头

请你深呼吸，放松下来，想象你的前面是神灵（耶稣或佛陀或观世音），任何你崇拜的人物也行，当神的面孔浮现在你眼前时，慢慢替换成孩子的脸，然后双膝下跪，手伸向前方，整个身体全趴下去，带着虔诚的心去磕长头。你可以实际去磕头，也可以在脑海中想象这个场景，如此21天，你会感觉到对生命有了尊重。

第 7 章

爱是理解——理解孩子行为背后的正面动机

俗话说，理解万岁。每一个人都渴望被理解。父母与孩子同在一个家庭生活，朝夕相处，抬头不见低头见，按理说彼此之间的理解比较容易做到，可现实生活中是什么样的情况呢？

宝妈小芳对我说："孩子现在 8 岁了，我根本不知道孩子在想什么，问他在学校里的事情，他也不愿意说，而且总是喜欢跟比他小好几岁的孩子一起玩，我真的不能理解他的这种幼稚行为。花了好多钱，报了几个辅导班，但成绩就是不见起色。想让孩子好好学，可孩子偏偏不，这孩子怎么就不能理解我的苦心呢？"

她的孩子却对我说："我的父母很强势，一切都想说了算，不去理解我，但又时时刻刻在意我，对我的一举一动都那么关注，然后再用他们认为正确的条条框框来安排我。要说他们不爱我，好像也爱，因为他们大部分精力都放在我身上，但是，我却感觉不到快乐，只感到压力和厌烦。理性告诉我，我该爱他们，时刻关心他们，但我内心却总是想远离，这种想法在几岁的时候就有，我不知道该怎么办？"

父母和孩子都是满腹的委屈，双方都很受挫，通常的反应是："他不理解我。"生活中这样的例子数不胜数。

为什么做到理解这么难呢？

父母和孩子都是独立的个体，不同的人生经历、不同的感官感知系统、不同的成长环境，形成不同的信念和价值观。世界上没有两片相同的树叶，世上也没有两个完全相同的人。同一件事，父母和孩子的想法和感受会各不相同，这样双方就无法设身处地地理解对方的真实存在。

同时，因为父母经历得太多，他们就会认为自己经验丰富，认为孩子不了解社会。于是，很多父母把自己关于“这个世界什么是对的、什么是错的”等一系列价值观当成客观真理，要求孩子接受和服从。他们用自己的价值观衡量孩子的行为。当发现孩子的行为不符合自己的价值观时，就会判断孩子错了，要求孩子改正，如果孩子不改正，就认为孩子不听话、叛逆……试问，父母真的掌握了这个世界的客观真理吗？我们处理事情真的能做到客观、公正吗？

彼此不理解的根源在哪里?

大脑神经语言程序学（NLP）认为，我们每个人都生活在主观认知所塑造的世界里并信以为真。许多人或许认为自己是客观的，然而NLP却认为我们无法做到真正的客观，为什么呢？我们需要了解大脑的沟通模式。

NLP的研究发现，大脑透过五官接收外在的事件，然后，大脑会自动地对这些所接收的数据（事件）进行处理，处理的过程包括删减、扭曲和归纳三个程序。

第一个程序是删减。我们每时每刻所面对的信息大约有200万bps，而大脑的意识部分没法在一秒之内将这些信息完全处理掉，因此，大脑的第一个程序便是将其中的绝大部分删减，最后仅留5–9组，大约134bps的信息，这样大脑便可以继续处理了。删减的好处是可以让我们注意力聚焦，不利之处是有可能把其他有用的信息删除掉了。因为有删减，对于同样的事物，每个人的认知是不一样的。例如，同一部电影，看完后，留在每个人脑海中的场景、感觉会有很大的不同。

大脑沟通的第二个程序是扭曲。大脑会把客观信息转换成符合你的内心标准的可解释的信息。研究显示，我们对事情的理解，20%源自外界，其余的80%都来自我们原有的信念和记忆。通过大脑的扭曲，我们对同样的事物将会产生完全相反的认知。譬如你给一个好朋友打电话，对方没接，发微信也没回，你内心会认为他不尊重你，而事实是他的手机丢了。

大脑沟通的第三个程序是归纳。人都会从过往的经验中总结出规则和信念。例如，一个女孩子谈了8次恋爱，都因男方劈腿而分手，那么，她就可能得出一个结论：男人都很花心、不可靠。当她遇到第9个男生的时候，她也会用自己之前得出的结论去评估这个男生。归纳能力可以让我们把外界的知识转换成自己的智慧，但也有可能让我们画地为牢、自我局限。

当我们看到一个物品或一个事物场景或听人说某件事时，其实并没有真正客观地在看或听，都是你的大脑通过删减、扭曲和归纳三个过程后得到自以为正确并客观的信息。所以，我们看到的世界并不是完全真实的世界，它是我们从我自身的认知出发所看到的世界。

父母要觉察到自己“以自我为中心”的潜意识需求

曾经看到一则报道：一位母亲看到孩子即将被车轧，为了救孩子，她不惜牺牲自己的生命，无数人都看到母亲行为的无私。是的，母爱确实是无私的，这一点毫无疑问。无私的行为背后，母亲的心中也有一个需求，这个需求是什么呢？是她不能够忍受失去孩子的痛苦，她觉得失去孩子后太痛苦了，她承受不了这样的痛苦。你会看到，就是在这样无私的行为之中，其实也有“以自我为中心”的成分存在。

譬如前些日子，我带 9 岁的儿子去广场上玩，看到很多小朋友都在骑自行车，当时我就对儿子说：“你也学骑自行车呗。”儿子说：“我不愿意学。”我想说服他去学骑自行车，我说：“骑自行车也有很多好处的。”话说到一半，我突然醒悟，我让他去学，我内心的需求是什么？我是想满足我的虚荣心——“我的儿子啥都会，是全能手”，这就是我的潜意识的需求，这个需求是我的“以自我为中心”。他不骑，站在他的立场上是对的，背后的动机有可能是不想这么辛苦地学，也可能是他根本不感兴趣等等。那是我的需求，不是他的需求，于是，我便没有再要求他了。其实，生活中必须做的事真的不太多。

一件事情发生时，请父母反观一下自己，这件事情为什么让我很恼火？我内心的需求是什么？我想要孩子满足我的什么需求？这个需求有那么重要吗？父母要能够看到自己的“以自我为中心”，带着这样的觉察，才有可能更好地理解孩子。

如何更好地理解对方

理解就是理解人性，如何去做到理解呢？

首先要认识到“每个人都活在自己的主观世界中并信以为真，站在双方的立场上都是正确的”；其次，在上面的前提下，学会全息倾听孩子的想法；最后，去发现孩子的行为背后的正面动机，肯定其正面动机，同时引导孩子看到“行为是否有效”，从而找到更好的解决办法。

孩子在他的主观世界中并信以为真

你活在你的主观世界中，认为是正确的；孩子也活在他的主观世界中，并认为也是正确的。一件事情的发生，站在双方的立场上都是正确的。每个人都会去做自认为正确的事情。如果一个人明知这件事情是错误的、无效的，那他就不会这么做。

大学毕业后，我不想留在县城里上班，想来北京发展。那一次，我跟父母发生了严重的冲突，父亲说：“一个女孩子，跑那么远去做事，没有这个必要，而且社会也不安全，你容易上当受骗。”

我说：“我就是想去，我很年轻，要拼搏一下，北京总比老家发达，就算没发展好，也可以三年以后回家。”

父亲说：“要是三年后再回家，丢死人。”

我说：“那我也要去！”

父亲说：“你以为去北京就是捡钱的？”

我说：“那我也不愿意在老家县城上班。”

父亲说：“你反了吗？你以为大了就无法无天了。”

我说：“我就是要去，我自己去买票。”

父亲被气得不行，我也很伤心，哭得稀里哗啦。

看到我们各自的想法了吗？我们都活在自己的主观世界里并信以为真，站在我父亲的立场上他是正确的，站在我的立场上我也是正确的，而当时的我们并不明白这点，矛盾和冲突便一发不可收拾。

学会聆听

那么，怎么学会聆听呢？听，有三个层次：心不在焉地听、有选择和有目的地听、全息倾听。

现实生活中，我看到太多的父母，当孩子在说时，父母在玩微信或忙自己的事情；当孩子正要表达且表达得很慢时，父母立马打断孩子的话；甚至有的孩子说的话不那么好听，父母便说“滚”……我们能不能听听孩子的解释或者让孩子慢慢地把话说完或者认真地去倾听孩子讲话？没有倾听，哪来沟通；没有沟通，哪来理解？

还有一些孩子在向父母表达自己的想法时，父母有目的地听，却急于给出答案和建议，其实我们并没有去理解孩子，只是为了做出回应，这便是有选择和有目的地听。长此以往，孩子和父母之间的隔阂会越来越深。

聆听的最高层次，就是全息倾听，用全部身心去倾听，不只是理解个别的词句，而是在倾听中，不仅要用眼睛去观察，还要用心灵去体会说者的思维模式和感受。听是为了理解，不必以己度人，也不用费心猜测，而是去了解对方的心灵世界。

本章的最后，附有一个聆听测试表，可以帮助我们了解我们是什么样的聆听者，从而去改变和提升自己的聆听能力。

很多来我这里做咨询的家长，有时候只是让他在说，我在全息倾听，在听的过程中，他就感受到了理解、支持，觉得找到了知音。其实，全息倾听孩子也会有同样的效果。

孩子的行为无效，可动机是正面的

有一次，儿子去同学家里玩，作业没做，玩到晚上 8 点了还没回来。后来我打电话叫他，他才回来。若是十年前的我，上来就会说：“你太贪玩了，只知道玩，不知道学习。”（否定正面动机）“你一点都不珍惜时间，太没时间概念了。”“作业都没写，下次不许去玩。”这些呵斥都是无效的，也让孩子没法更好地去改正他的行为。现在的我是下面这样的。

我：你玩得这么晚，是因为在那边玩得很开心，对吧？（肯定对方的动机）

儿子：嗯。

我：你玩得这么晚回家，这么赶时间写作业，你认为这个行为好吗？

儿子：哦。

我：下次再出去玩，你应该如何合理安排时间呢?

儿子：我会早回家或者周五就把作业写完。

可能某种行为无效但动机却没错，当肯定对方的正面动机后，孩子便能感受到父母的理解。相反，如果只是因为看到对方无效的行为，就否定对方行为背后所欲追求和满足的价值观，甚至将这个无效的行为和对方的人格画上等号（例如“你就是个贪玩的孩子”或“你就是一个不守时的人”），否定对方的人格，就会很容易激起对方的强烈抗拒。肯定了对方的行为动机，人便会感到被接纳、被理解了，然后便可以引导对方看到行为的无效，再找到更好的解决办法。

真正的理解，建立在我们深刻认知每一个行为的背后都有一个正面动机的基础上。一个人做一些事情，不是为了得到一些乐趣，便是为了避开一些痛苦，任何人任何时候的行为动机无外乎这两个。不懂得这一点的人，就会有意无意地否定对方的正面动机，这种做法让对方觉得不被理解，很多的家庭矛盾就是这样产生的。

我们刚学习时，或许会觉得这样沟通是一件很难的事情，这是因为我们的潜意识习惯于否定他人。现在觉察到了这一点，下次遇到事情时，我们头脑中先想一下这句话：孩子的这个行为背后的正面动机是什么呢?

我曾经看过一篇报道，一中年男子去抢银行，结果被警察抓捕。当记者问他为什么要抢银行时，才了解到他家中的小孩得了白血病，需要很多钱来治疗，生命危在旦夕。大家可以看到，就算是“抢银行”的背后也是有正面动机的，正面动机是为了救自己的孩子，只是他这个“抢银行”的行为无效，并且不是最好的解决方案。一个人无论是伪造财务报表还是抢银行或者偷窃、说谎话，当你相信有一个正面的意愿指引着这些行为时，你就对这些行为有了全新的理解。

作为孩子的监护人，在孩子尚未长大成熟前，父母更应该做好这一点——找寻孩子每一个行为背后的正面动机。

改善并增进亲子关系的契机

如果孩子感受不到自己被理解，那孩子就不愿意和家长说心里话，不愿意再信任家长，这样孩子会封闭与家长的沟通。尤其在孩子青春期时，家长与孩子的沟通更容易遇到困难。

真正的理解来源于每件事情的发生，父母能把出现的问题看作联络感情的机会，而不是麻烦和负担，两代人之间的关系就会大大改善。一件事情发生了，我们首先要意识站在孩子的立场上，同时去倾听一下孩子的想法，最后肯定孩子行为背后的正面动机，引导孩子看到行为的无效，双方共同找到更好的解决方案。当我们以此作为原则去处理生活中发生的事情时，交流就成了促进感情的工具，而不是矛盾的导火线。

当孩子感受到被理解时，他的内心是温暖的、安全的、放松的、感到被爱、感到被支持，这样亲子之间就建立了爱与信任的桥梁；亲子关系将爱意融融，教育才有效果。否则即使父母付出再多，也将事与愿违。

附：聆听能力自测题

各选题根据以下标准打分：

几乎都是：5 分；常常：4 分；偶尔：3 分；很少：2 分；从不：1 分。

1. 态度

（1）你喜欢听别人说话吗?

（2）你会鼓励别人说话吗?

（3）你不喜欢的人在说话时，你会认真听吗?

（4）无论说话的人年长年幼，是男是女，你都认真听吗?

（5）无论是熟人还是陌生人说话，你都会认真听吗?

2. 行为

（6）你不会目中无人或心不在焉?

（7）倾听时是否会注视对方的眼睛?

（8）你是否忽略了足以让你分心的事物?

（9）你是否会用点头、微笑或其他恰当的方式鼓励对方?

（10）你是否深入考虑对方所说的话?

（11）你是否试着指出说话者的意思?

（12）你是否试着指出他为何会说出那些话?

（13）你是否会让对方讲完而不急于打断?

（14）当对方犹豫时，你是否会鼓励他继续?

（15）你是否会重点复述对方的话，弄清楚再继续?

（16）在说话者说完之前，你是否会避免批评对方?

（17）若你预先就知道对方要说什么，你会注意听吗?

（18）你是否询问说话者所用字词的意思?

（19）为了让对方更完整地解释他的意见，你是否会询问?

最后，将所得分数加起来就是总分。参照下面的内容，看一看自己在聆听能力方面处于哪个位置：

90–100分：你是优秀的倾听者；

80–90分：很好的倾听者；

65–79分：一般；

50–64分：需要强化倾听训练；

50分以下：在听吗?

练习

价值观排序

此练习的目的是为了了解你和孩子的价值观，并发现其中的差别，以使你更加理解对方的价值观，同时更好地理解对方的行为。

下面是18种常见的价值观，请仔细阅读每一条解释，并假设获得和失去这种价值观的感受是什么：

A．舒适的生活：一种充足丰富的生活；

B．平等：机会均等，人们像兄妹一样友好；

C．振奋的生活：一种新鲜、有趣、有活力的生活；

D．家庭安全：家人的身体、精神安全；

E．自由：独立、自由地作选择；

F. 健康：身体健康和心理健康；

G. 内心和谐：没有内在冲突，宁静、祥和；

H. 成熟的爱：精神和身体的亲密无间；

I. 国家安全：国土与家园不被攻击；

J. 快乐：一种享受和闲暇的生活；

K. 救赎：灵魂被救赎、解脱；

L. 自尊：自我尊重；

M. 成就感：持续地有所成就；

N. 社会认同：社会的认可与尊敬；

O. 真实的友谊：紧密的伙伴关系；

P. 智慧：对生命的成熟洞见；

Q. 世界和平：没有战争和争斗的世界；

R. 美丽的世界：自然和艺术的美丽。

1. 仔细掂量这种感受，从里面挑出你觉得自己此生最重要的八项价值观。

2. 如果发生一场变故，让你不得不失去其中两项（保留六项），你会选择哪两项？

3. 如果再发生一场变故，让你不得不再失去其中两项（保留四项），你会选哪两项？

4. 如果再发生一场变故，让你不得不再失去其中一项（保留三项最核心的），你会选哪一项？

作业

背诵下面这首诗，并写下自己对此诗的理解。

如果你能记住

马迪 · 金

如果你能记住，你走一步，我要走三步才能赶上；

如果你能理解，我观察世界的眼睛比你的眼睛矮三英尺；

如果你能在我乐意的时候让我自己试试，而不是把我推到前面或挡在后面；

如果你能满怀爱心地感受我的人生，不剥夺我自决的需要，

那么我将长大、学习和改变。

如果你能记住，我需要时间获得你已有的生活经验；

如果你能理解，我只讲述那些相对我的成熟程度来说有意义的事情；

如果你能在我可以时让我独自迈出一步，而不是把我猛推出去或拉回来；

如果你能用你的希望感受我的生活，不破坏我对现实的感觉，

那么我将长大、学习和改变。

如果你能记住，我像你一样，失败后再试需要勇气；

如果你能理解，我必须自己弄清我是谁；

如果你能在我想要时让我自己寻找自己的路，而不是为我选择你认为我该走的路；

如果你能用你的爱感受我的人生，不剥夺我自由地呼吸的空间，

那么我将长大、学习和改变。

这是马迪·金的诗，“你走一步，我要走三步才能赶上，如果你能理解，我观察世界的眼睛比你观察世界的眼睛矮三尺”，在你的现实生活中，你能不能感受到其中的理解孩子的深意呢?

引领故事：你的选择是你当下最好的选择

四年级下学期期中考试，儿子的语文成绩是90.5分（班里90分以上的只有三人），数学成绩是97.5分，英语成绩是94分，各科成绩还不错。这时候我爸爸（孩子姥爷）就说：“应该还有些人比你分数更高。”儿子说：“有。”我爸爸说：“那你还要加油，争取赶超他们，应该还要多进步。”

晚上睡觉前，我把儿子叫到房间做了一个简短的交流。

我说："儿子，你觉得这个世界上的人有可比性吗？"

儿子说："这个不好回答。"

我说："每个人都有长处，也都有短处，如果拿你的长处跟别人的短处比，会怎么样？如果拿别人的长处跟你的短处比，会怎么样？"

儿子说："第一个我肯定赢，第二个肯定他赢。"

我说："是的，既然这样，你觉得比较有意义吗？比较没有意义，我们不用跟别人比，你就是那个独一无二的你。"

儿子点点头。

我说："考试成绩只代表这个阶段你对知识的掌握情况，而你在这段时间，有没有尽全力去学习呢？"

儿子说："有的。"

我说："那就行，只要你觉得没有辜负活着的每一天，没有虚度光阴就行。"

儿子说："那没有，妈妈，你一点都不抱怨我吗？"

我说："为什么要抱怨呢？"

儿子说："毕竟有两道题是粗心做错的。"

我说："谁会在明知道犯错的情况下犯错呢？你在做题时，无论选择的是哪个答案，对于你来说，已经是你当时最好的选择了，难道不是吗？"

儿子说："妈妈，谢谢你的理解，我会加油的。"

我说："明天，我们俩人去庆祝一下吧。"

儿子说："好的，那就去肯德基。"

第8章

爱是相信——相信孩子一定可以

现在我想请你放松，深吸一口气，再吐出一口气，闭上眼睛，想象一下：

1．你对你的孩子的未来有几分担忧呢？一分是一点担忧，十分是非常担忧。凭内心的感觉，请给你的担忧程度打分；

2．你对自己的孩子有几分相信呢？一分是一点相信，十分是非常相信。凭着你的感觉，给自己对孩子的相信程度打分。

看着自己的得分，你有什么发现？又有什么感悟呢？

我们太希望孩子“好”，于是便生出了很多担心：“这孩子太挑食，万一影响身高和智力，可怎么办？”“出门太不安全，受到伤害，我承受不了。”“就你那成绩，能考上好大学吗？”“现在竞争太激烈，将来男孩没好工作，找不到媳妇可怎么办？”“现在人都很坏，长大后，女孩遇到渣男可怎么办？”“小孩成绩不好，考不上好大学会很麻烦！”“好怕孩子早恋，影响学习。”……

儿行千里母担忧！在孩子的成长过程中，大多数妈妈都过分地担忧子女：课业、工作、婚姻、健康，几乎没有不担心的，这些担心都出自我们对孩子的爱。可你知道吗？

担心是一种诅咒，怕什么就会吸引什么

一个真实的案例。我有个邻居生了个男孩，他生怕男孩学坏，一心只想男孩考上好大学。为了这个孩子，他从农村搬到镇上去住，只为了让孩子更好地学习。在男孩成长的过程中，他父亲如果认为他的行为不对，就严厉管教，甚至用皮带打他，并且经常苦口婆心地教育他：“你要走正道，将来要上好大学，这样有出息；不能学坏，千万别吸毒，别做社会混混，否则你的人生就毁了。”事

实是，这个孩子上完初中后就不读书，打死也不上学，只能去广州打工，到了广州，加入了黑社会，还吸毒，现在还在戒毒所里，2016 年，他母亲去世，他没能回来送终。

心理学上说，担心失败，你就在努力失败。

瓦伦达是美国著名的高空钢索表演者，在一次重大表演中，不幸失足身亡。他的妻子事后说："我知道这一次一定要出事，因为他上场前总是不停地说：'这次太重要了，不能失败，绝不能失败。'而以往他不是这样的。每次表演之前，他只想着'走钢索'，并专心为此做准备，根本不去管其他的事情，更不会为'成功'或'失败'而担心。"

美国斯坦福大学的一项研究也表明，人大脑里的某一图像会像实际情况那样刺激人的神经系统。比如，我让你小心，不要掉进水里，其实你的脑海中全是掉进水里的画面，这一情景会指挥你的行动，结果事情不是向你所希望的方向发展，而是向害怕的方向发展。这个研究从另一方面证实担心失败，你就在努力走向失败。

医学上有一种安慰剂效应。南安普顿大学的研究人员做了一个实验，他们随机抽取两组病人，一组病人得到医生的确诊，并被告知他们很快就会好起来，这些人没有接受任何治疗；另一组病人则给予含糊其词的诊断，也没有保证他们能很快康复。结果，第一组有 64% 的病人病情出现好转，第二组只有 39% 的病人好转。这些都在提示我们，担心并不会让事情变得越来越好。

不仅如此，还有你所不曾知道的。

缺少信任，孩子会修筑高墙

为了写一篇题为《伟大的科学家所提的伟大问题》的专题报道，一位科学杂志的记者打电话给爱因斯坦想采访他，爱因斯坦同意了。记者来到爱因斯坦家里，他看到爱因斯坦坐在自家门廊的摇椅上，抽着老旧的烟斗，看着红色的夕阳。

“爱因斯坦博士，我只有一个问题问你，”这个聪明而又紧张的年轻记者拿着一个笔记本问道：“我们想向每位被采访的科学家问一个最关键的问题，这个问题就是，科学家所能提出的最重要的问题是什么。”

满头银发的爱因斯坦坐在摇椅上回答：“年轻人，这是个好问题，值得慎重考虑。”边说边吸着老烟斗，慢慢摇着摇椅。

年迈的爱因斯坦躺着思考了十分钟。他继续沉默，又深深地思考了几分钟。记者充满期待地等着听到某个重要的数学公式或者有关量子理论的假设。

然而，记者得到的答案却让世界一直思考至今。“年轻人，”爱因斯坦沉声说道：“任何人所能问出的最重要的问题就是：这个世界是不是一个友善的地方。”

“你的话是什么意思？”记者问：“最重要的问题怎么会是这个呢？”

爱因斯坦郑重地答道：“因为对这个问题的回答决定了我们如何去生活。如果世界是个友善的地方，我们就会花时间去搭建桥梁。否则，人们会用尽一生修筑高墙。这，取决于我们自己。”

卢梭说：“人对别人最初的态度取决于别人怎么待他。”当孩子感受不到父母的信任时，内心也会修筑高墙。孩子不愿意和家长说心里话，不再信任家长，他完全按照自己对事物的判断去处理事情。

信任，是教育的起点，没有信任就没有教育。有名言说：“爱的最好证明是信任，信任是开启心扉的钥匙。”然而，根据上海的一项抽样调查，当中小学生遇到麻烦时，想告诉父母和老师的只有1%。这，不得不让我们做父母的去深思：为什么？

我们应该将对孩子的“担心”改成对孩子的“相信”，想好的来好的，让自己“心想事成”！

因为——

每个孩子都拥有成功、快乐的资源

我们先来看看这几个例子。

2017 年 4 月 14 号新闻报道，湖北省荆州市脑瘫儿丁丁先是考取了北京大学，在北京大学读完本科后参加工作，现在又被哈佛大学录取。丁丁说："因为妈妈对我的那一种相信。在我想要放弃的时候，妈妈一直鼓励我、陪伴我，我从妈妈身上获取了极大的力量去挑战未知的人生。"

还有大家所知道的尼克·胡哲。

他生下来没有手、没有脚，父母也很震惊，不知所措。可是震惊过后，上帝所赐的平安充满尼克父母的心。他们认识到，尼克被造成这个样子，一定有特别的计划与目的。于是，尼克出生后 4 个月，父母把他接回家，像接纳其他孩子一样接纳了他，把他当成正常的孩子进行抚养，竭尽全力地照料他。

尼克说："我一度非常愤怒，为什么我是这个样子？我这辈子还有什么指望？"既而又感恩地说："我非常感恩，我有一个爱我、相信我的家庭。如果不是他们，我走不到今天。我的父母是我心目中的英雄，在这种情况下，他们总是支持我、相信我、帮助我。"

"他们告诉我，每个人都是特别的，可能是上帝想安排特殊的任务给你吧，那个任务一定是普通人做不了的，你肯定是带着某种使命来到人间的。正是在他们的信任和鼓励下，我克服了内心的恐惧。你知道我心里有许多恐惧：我将来怎么办，这个做不了，那个也做不了？他们没有把我当成残疾人，而是当成正常的孩子，帮助我不断地尝试各种事情。在他们的帮助下，我学会了写作、游泳、钓鱼、打高尔夫球等，两个月前我还去冲浪。"

正因为父母的相信和鼓励，让尼克·胡哲看到了希望的光芒，活出比四肢健全的人更丰盛的人生。

大脑神经科学语言程序学（NLP）认为，我们每个人都拥有成功、快乐的资源。事实上也是如此，天生我材必有用，脑瘫儿都能考取哈佛大学，没手没脚的人可以写作、游泳、钓鱼、打高尔夫球、冲浪。我们的孩子没有智力的缺陷，没有身体的缺陷，我们不是比脑瘫儿、没手没脚的孩子更有优势吗？他们都可以活出快乐、成功的人生，我们难道不可以吗？

其实，每个人活在这个世界上，都在寻找一双手、寻找一个肩膀、寻找一个人，可以作为我们一生的根，无论顺境、逆境，都有一个人永远站在原地对你说："我始终相信你，你是可以的，无论你成功与失败，我们都永远爱你。"

一位家庭教育专家曾指出，教育的奥秘在于坚信孩子"行"。人的内心深处最强烈的需求之一是希望得到肯定。

对于这一重任，父母无疑是最佳人选。

相信可以创造奇迹

让我们一起看看这个故事。

多动症孩子也能上清华

老师：你的儿子有多动症

第一次参加家长会，幼儿园老师对一位妈妈说，你的儿子有多动症，在板凳上连三分钟都坐不了，你最好带他去医院看一看。回家的路上，儿子问妈妈老师都说了些什么，妈妈鼻子一酸，差点流下泪来，因为全班30名小朋友，唯有他表现最差；唯有对他，老师表现出不屑。然而，这位妈妈还是告诉她的儿子："老师表扬你了，说宝宝原来在板凳上坐不了1分钟，现在能坐3分钟了。其他孩子的妈妈都非常羡慕妈妈，因为全班只有宝宝进步了。"那天晚上，她儿子破天荒地吃了两碗米饭，并且没让她喂。

老师：我们怀疑你的孩子智力上有些障碍

儿子上小学了，家长会上，老师对一位妈妈说，全班50名同学，你儿子排在第四十名，我们怀疑他智力上有些障碍，你最好能带他去医院查一查。回家的路上，妈妈流下了眼泪。然而，当她回到家里，对坐在桌前的儿子说："老师对你充满信心，说你并不是个笨孩子，只要能细心些，会超过排在第 21 名的你的同桌。"说这话时，她发现，儿子黯淡的眼神一下子充满了光，沮丧的脸也一下子舒展了。

老师：孩子考重点高中有点困难

孩子上初中后，又一次开家长会。妈妈坐在儿子的座位上，等着老师点她儿子的名字，因为每次家长会，她儿子的名字在差生的行列中总是被点到。然而，这次却出乎她的意料，直到结束时都没听到儿子的名字。她有些不习惯，去问老师，老师告诉她："按你儿子现在的成绩，考重点高中有点困难。"她怀着惊喜的心情走出校门，此时她发现儿子在等她。路上，她扶着儿子的肩膀，心里有一种说不出的甜蜜，她告诉儿子："班主任对你非常满意，他说只要你努力，很有希望考上重点高中。"

高中毕业了。第一批大学录取通知书下达时，她有一种预感，她儿子被清华大学录取了，因为在报考时，她跟儿子说过她相信他能考取这所大学。他儿子从学校把一封印有"清华大学招生办公室"字样的特快专递交到她的手里，突然转身跑到自己的房间里大哭起来。儿子边哭边说："妈妈，我知道我不是个聪明的孩子，可是，这个世界上只有你能相信我、欣赏我……"这时，她悲喜交加，再也按捺不住十几年来凝聚在心中的泪水，任它打湿了手中的信封。

相信可以激发孩子的内在力量

据情商专家分析，信任孩子能够最大限度地激发孩子的内在力量，可以使孩子真正体验到内心的自在和快乐。在现实生活中，如果你被某个人充分信任时，你会不会感觉浑身充满了力量？你会不会有很强的动力去主动付出努力、达成目标？你是不是愿意赴滔蹈火、万死不辞？殊不知，孩子的感受比我们更强烈、更深刻，孩子通常都是通过父母对孩子的反应来认识和了解自己。如果孩子在父母那里得到的反馈是信任且肯定的，孩子就会去发展这样的能力，由此带来良性循环。越发展就越自信，越自信就越有能力去解决各种问题。

4 分钟跑完一英里

在 1954 年的时候，没有人相信四分钟内可以跑完一英里。后来一个美国教练把 4 分钟分成 4 个 1 分钟，先在 1 分钟内跑完 1/4，这是人类的短跑速度可以做到的，通过在运动员心中确认这个成绩，他能够在 1 分钟内跑完 1/4 英里，然后让运动员完成 2 分钟内跑完 1/2 英里，然后 3 分钟内跑完 3/4 英里，这些都实现了，他在脑海中也认定自己一定能跑过去，最后终于突破，在 4 分钟内跑完了 1 英里。第二年就有 250 人可以在 4 分钟内跑完 1 英里。

后来的这些人，他们之所以能够打破这个记录，根本的原因是什么呢？他们看到了四分钟内是可以跑完一英里的，当他们选择了相信，潜能就被激发出来，因为相信，所以打破纪录，人之所以能，是因为相信自己能。

陶行知先生曾经说过，教育孩子的全部秘密在于相信孩子和解放孩子。在现实生活中，孩子因智力原因而导致的学习困难或者成绩不理想是很少的，绝大部分孩子的学习困难很大程度上是与该孩子的情绪、兴趣、自我价值、心理环境等因素密切相关。而家长对孩子是否信任直接导致孩子出现情绪问题、自我价值低、不相信自己等等，从而影响孩子学习的心理环境和学习效率。

这两个故事告诉我们，当我们相信的时候，尤其是当我们坚定地相信的时候，人类的潜能就能被激发出来。我常在想：孩子的潜能被激发出来的时候，我们还用担心他的未来吗？就拿牛顿、爱因斯坦这样伟大的科学家来说，他们的潜能开发才百分之十五左右，人类的潜能有百分之九十五未被开发，普通人的潜能开发不到百分之五。

相信是一种力量

孩子需要来自父母的坚定相信，他才能学会自我肯定与自我认同。请去相信你的孩子。正如我们相信孩子他一定会走路，不会因为孩子在走路的过程中会摔倒，我们就觉得这个孩子学不会走路。也就像相信孩子，他一定会说话。就是要带着这样一种深深的相信。

相信孩子，要通过表情、眼神、语言、行为等方面不断地向孩子传递有关相信的信息，告诉孩子“我相信你，你一定行，你没问题的，无论怎么样，我都爱你”，同时赋予孩子做决定的权利，支持孩子按照自己的想法做事。假如结果很好，就及时地给予肯定；假如结果不好，告诉孩子这很正常，谁都会犯错，最重要的是如何去改正错误。当我们百分之百地相信孩子的时候，孩子就会接收到这种“相信的感觉”，孩子感受到父母的相信，他也会相信自己。家长和孩子的坚定相信，会让孩子的生命迸发出美好的色彩。

引领故事：永远相信自己

有一天晚上，我女儿明明一个人跑到厕所里玩水，厕所里放了一个大塑料桶，是专门用来给她泡澡的。她拿着一个小塑料盆，从大桶里把水舀出来，然后倒到马桶里，玩得不亦乐乎。时间一长，地上撒得全是水，地面变得很湿滑。她没穿拖鞋，光着脚丫，一不小心摔倒了。这时候，奶奶跑进厕所里，立马说：“水有什么好玩的，看你还玩不玩？这下好了，摔倒了吧，衣服也湿了，看你下次还弄不弄？”

我赶紧从厨房里跑到厕所，抱起孩子到卧室，给她把衣服脱了，用被子包着，把她搂在怀里，说：“明宝，摔跤是很正常的事情，没有什么大不了的。”

孩子还在抽泣，我说：“妈妈小时候也经常因为玩水而摔跤，比你摔得还厉害，摔倒了，爬起来继续玩。不仅妈妈玩水时摔跤，跟妈妈玩的小伙伴们也经常摔跤。”

明明笑了，说：“妈妈也摔跤。”

我说：“对呢，每个人都会摔跤，并不是只有你会摔跤。”

明明说：“那我下次还可以玩水吗？”

我说：“当然，下次玩的时候，你是不是要穿上拖鞋呢？这样可以防止你摔跤。”

明明说：“那太好了。”

我说:“有些事情我们一开始就能做好,有些事情我们一开始做不好,这都没关系,你要始终相信你自己,只要你想学、你想做,你就有办法可以做好,记住了吗?”

明明点点头。后来,她去玩水的时候都会穿上鞋子,也没有再摔跤。

作业

写下祝福的话语,去祝福你自己、祝福孩子、祝福别人,越多越好,直到写不出来为止。

练习

视觉化想象

我们应该怎么相信孩子呢?每天早上起床前或睡觉前抽一分钟时间,用大脑不断地去观想孩子美好的样子,孩子长大后的样子,越清晰越好。你能看到什么呢?同时深呼气,体会一下内心的快乐、喜悦、满足的感觉,让这种感觉在我们的身上流淌。每天去这样做,一个月后你会看到,孩子将会发生神奇的变化。这是基于吸引力法则,就是你想什么就会来什么,你想好的就会来好的。所以,当我们能够不断地去观想孩子那个美好的样子,而且那个样子越清晰的时候,自然而然地,我们想的是好的,那我们吸引到的也就是好的。

第 9 章

爱是允许——允许孩子所有自发性的活动

在日常生活中，经常听到父母这样对孩子说，“必须 10 点以前睡觉”；“写作业时不能干其他的事情，不能三心二意”；“这个有营养，必须吃”；“不能爬栏杆、不能爬高、不能踩水”；“不能没有礼貌、不能不听话、不能不乖”；“我这样做，全都是为你好”；“不能哭、不能大笑”，“不能愤怒，愤怒是不对的”。

父母不断地限制孩子，从来没有觉得有何不妥。中国的汉字很有意思，“人”字一加限制就变成了“囚”字。当我们否定孩子的感受，特别是情绪的感觉时，他便容易失去跟身体的连接，此外，我们常常控制孩子的思想及行为，如果一个人的感觉、身体、思想都被控制，也就意味着他失去了自我。失去了自我，人的心灵便被扼杀了。

在父母课堂上，我请父母写下对孩子有哪些允许做的事、有哪些不允许做的事，写完后，发现允许的有 8 条，不允许的有 20 条，大多数人不允许比允许多得多。

为什么父母对孩子有那么多不允许呢？

假象 1：不允许是想避免孩子的身体受到伤害

很多家长因为怕孩子受到伤害，不允许孩子干这干那，看上去是在保护孩子的安全，其实犯下了不可原谅的错误。

真相 1：保护代替不了成长，生命不应该是束缚、保命，而应该是尽情地绽放

《伊索寓言》里有一个故事，名叫“小孩与画中的狮子”。

故事讲述的是城里住着一个老人，他年轻的时候一直没有孩子，到了很老的年纪，才得了一个独生子，所以他对儿子百般关注、倍加宠爱，生怕他受到一点点伤害。儿子天生勇敢，经常约上几位好友一起去打猎。每次儿子外出打猎，老人都十分担心，他总是叮嘱儿子说：孩子啊，骑马要小心，不要从马上掉下来；谨慎用枪，不要被走火的猎枪打伤；要警惕四周，不要被猛兽袭击。儿子嫌他啰唆，经常没等他说完就骑马走了。这让老人更加忧心忡忡，常常做噩梦。

有一天，老人梦见儿子打猎时，被一头雄壮的狮子咬死了，醒来后心跳不已。为了避免噩梦成真，老人花很多钱，请人建造了一座悬在空中的漂亮的房子，把儿子骗进去，锁了起来。怕儿子感到寂寞，老人还请人在这座空中楼阁的墙壁上，画上了各种动物，有野猪、狐狸、兔子、斑马、狮子等，即便如此，被锁在里面的儿子还是整天闷闷不乐。

有一次，儿子站在狮子的画像面前，愤恨地说道："都是你这个可恶的野兽，为了你和我父亲荒唐的梦，我才被关在这座牢房一样的房子里，我恨你！"他一边说，一边挥舞拳头，用力向狮子打去，好像要一拳打穿墙壁一样。不巧的是，画有狮子的墙壁上刚好有一根刺，拳头打到墙壁上，刺深深地扎进他的手里。虽然感到很疼，但他以为只是拳头撞到墙壁的缘故，并没有特别在意。

过了几天，他手上扎了刺的部位开始发炎、溃烂，伤口越来越疼，并因此发起了高烧，老人连忙请来城里最好的医生为儿子医治，可惜伤口感染的时间太长，虽然医生已经尽力医治，儿子最终还是不治身亡了。老人抱着死去的儿子，悲痛欲绝地说："噩梦最终还是成了现实，那不过是一头画在墙上的狮子，竟然还是把我的儿子害死了。"

到这时，他还不明白，正是他对儿子的过度保护，才导致了这个悲剧的发生。

危险与我们人类的生活如影随形，与其一直避免危险，何不从小教会孩子预防危险、面对危险呢？大人只想保住孩子的性命，可是，作为一个人，孩子必须学会自己保护自己，学会承受命运的打击，在勇敢地面对各种问题和挑战的过程中去成长。

希腊神话中的海洋女神提斯为了让自己的儿子阿喀琉斯变得无懈可击，将他投进了冥河。可我们很多母亲的做法正好相反，我们给孩子放到温床上，把孩子养育得很娇弱，这种娇弱会变成孩子成年时的负担。父母应学学那位海神母亲，把孩子投进“冥河”中，训练他们忍耐风霜雨雪、严寒酷暑、饥饿疲倦，这样孩子才会变得更加强大。

孩子必须通过不断地做事来增强自己的能力和自信，通过体验去感知生活，感知一切。

我闺女3岁多的时候，有一次上幼儿园放学后玩滑梯，其中一个是螺旋状上升的梯子，有6层，有一定的危险性。她想去玩，却很害怕摔下来。我不但没有阻止她，反而鼓励她去尝试。第一次爬的时候，我牵着她的手，同时告诉她如何抓握；第二次的时候，她自己做，我在旁边保护她，在她不知道如何办时，我就握着她的手告诉她该把手放在哪里，如此三次以后，她学会了。她学会后，我对她说：“宝宝今天又长了一个新本领，你看，什么东西用心学就可以学会。”

做好防范措施，让孩子去尝试。好多时候，我们怕危险、怕麻烦，只会告诉孩子“别弄，危险，会摔疼你的”，不让孩子去做。但就是这样的“不可以”、“不行”、“你弄不了”，扼杀了孩子的好奇心和探索精神。

保护孩子安全、防范风险发生是家长应尽的义务，但比这更重要的是要教会孩子如何活得更精彩、更有价值和意义。活得最精彩的人，并不是经历岁月最长久的人，而是对生活感受最多的人。有的人可能活到一百岁才埋入黄土，虽然他从出生以来一直活着，但他早已经死了，因为他放弃了对人生的追求。我们真的要明白，生命不应该是束缚、保命，而应该是尽情地绽放。

假象 2：不允许是想避免孩子少吃苦、少走弯路、少犯错误

很多家长怕孩子受苦，想让孩子少犯错误，少走弯路，希望孩子能够一马平川，人生之路是康庄大道。因为我们受过很多苦、吃过很多亏，也上过当、受过骗，我们希望孩子不要经历这些不好的。

真相 2：孩子没有亲身经验，就没法成长，家长传授真经并不能取代孩子的自我体验

我们希望孩子按照我们的经验，按照我们所认知的道理去做事情。当我们这样做的时候，就是在剥夺孩子的成长。没有经验，人便没法成长。比如，有人告诉你这个苹果很好吃，又香又甜，试问一下，如果你不吃苹果，你能够感觉到吗？你只有尝了苹果，只需尝一口，那么所有的言语都是多余的，只有当你自己去吃了这个苹果的时候，你才能够感受到这个苹果的香甜味儿。这也是为什么我们老师在教学的过程中，老师需要讲解、孩子需要练习，是同样一个道理。

一个认知的产生，首先是一个概念，他说苹果很好吃，我得到了一个概念：苹果很好吃。然后再去体验，即去尝试吃苹果，吃完后我终于明白，苹果原来是这个味道。

成长的过程是“概念 - 经验 - 内化”的一个过程，这样才是一个完整的过程。人对于没有体验过的事情，都有好奇心，都想去体验，只有体验过了，他才不做了。有没有你不让孩子去玩水，孩子却趁你不注意的时候去玩水的情况？有没有你不想让孩子吃糖，孩子却瞒着你偷偷吃的情况？

有经验是一件很好的事情，因为大师都是那种拥有足够多的生活经验的人，活着的意义就在于体验。经历越多，生命就越丰富，酸甜苦辣都有，这就是生活，这就是生命。对于我们认为不好的经验，我们希望孩子少经历甚至不去经历，尤其对于那些痛苦的事情，这样孩子就只活了生命的一半。痛苦是人类的一部分，没有经历痛苦的人生不叫人生。

弘一大师的遗言是四个字：“悲欣交集。”大师是想告诉我们，人生就是痛苦和欢欣交织出的交响曲，有痛苦低落的时候，也有欢欣高潮的时候。不经历风雨怎么见彩虹？生活之中总会出现不如意，我们不是要避免孩子经历痛苦，而是应教会孩子如何看待痛苦。面对痛苦时，我们可以选择逃避，选择在痛苦中沉沦，也可以把痛苦看作是成长的机会，这全在于父母的引导。我会对孩子们说："如果有某件事情让你感到痛苦，你就问宇宙，这次是想让我学习到什么呢？"

> 历经考验和折磨之后，灵魂会变得坚强，眼睛会变得明亮，抱负受到激励，斗志得到恢复。
>
> ——海伦·凯勒

假象 3：家长自己都是对的，一切都是为孩子好

很多人把"我"看得太重，坚持认为自己现有的价值观是正确而完美的，是每个人都应该遵守的。坚持自己的信念，假如那样对你有益的话，牢牢坚持，别动摇。可是，关于"对"与"错"、"好"与"坏"的观点是你对自己的身份所下的定义，不能要求孩子或其他人根据你的标准来定义他们自己。

电视剧《陆贞传奇》中有一个场景，所有人都希望高湛娶另外一国的公主，高湛说的一段话，至今我还记忆犹新，他说："你们又不是我，你们怎么知道哪个适合我、哪个不适合我？"之所以想控制，是由于我们内在的不安全感，让我们想要去抓取身边的人事物，但就像抓沙子，你把手握得越紧，沙子越要从手指缝里溜走。"我"的爱人、"我"的孩子、"我"的钱，一切都是"我的"，他们真的是你的吗？他们真的完全属于你吗？他们跟你一样是独立的生命个体，他们是宇宙的孩子。

我想起我以前有一个特别可爱的朋友，她特别胖，之前因为减肥，瘦了一些，买了好些漂亮的衣服，可没过多久，体重又长回来了，后来我去她家的时候，她会非常热心地把衣服送给我。但是，她的身材跟我的身材差距还是蛮大的。我知道她的衣服都很贵，可穿在我身上实在不合身，所以我说："你还是留着吧，我有衣服，送给别人吧。"可是她说："我喜欢你才愿意送给你的。"然后说："快点，快点，穿着吧，大一点就大一点，别人现在都穿宽松的呢。"可是她不知道，我不喜欢穿太宽松的，这样看着显得臃肿。她硬要把这个衣服送给我。

衣服就好比我们的思想，我们太喜欢把自己的思想强加在孩子身上，只是很多父母没有觉察。因为我们觉得我们比孩子懂得多、比孩子有经验，比孩子成熟、比孩子经历过的事情更多，孩子应该听我们的。我们往往打着爱的名义，总是说“我是为你好”，让孩子没有办法不接受。如果孩子不接受，也会让孩子产生内疚感。

这样的“好”实际上是父母内心恐惧的投影，是对孩子人生经历的一种束缚和绑架。背后隐藏的真相是：我是对的，你是错的！我比你高明，你要听我的。当孩子听话时，他就满足了父母潜意识中的控制欲。这样做的结果很可能导致孩子出现三方面的问题：第一、根本不去思考；第二、根据肤浅的逻辑妄自揣测；第三、认为思考太累，懒得去思考。

真相 3：孩子需要做自己生命的主宰

所有人都有一个基本需求，即做我们生活的主宰，而非小卒。经历自主感很重要，这是一种我们是自己行为的创始人的感觉。想象一下，如果你事事不能做主，你的内心会是什么感觉？如果是我，我会觉得活得太窝囊，我想要冲破这种束缚。

叛逆是什么？孩子不按照父母的要求做事，父母就认为是叛逆。而从孩子的角度来说，孩子要做自己的主人。记得曾经看过一期《中国好声音》，有一个长得很帅气的男孩，从小很喜欢音乐，他说：“我从小就比较叛逆，父母不让我玩音乐，可是我就是喜欢，我想玩，我想按自己的想法度过一生。”他父母说：“我们认为音乐又不能当饭吃，考大学才是好的出路，我们一再跟他说，好好学习，别玩音乐，可孩子一直不听，我们也很烦恼。”听一听，这就是很多家庭每天都在发生的故事。最后的结果是，这个男孩子参加中国好声音，因为声音非常优美，三个评委都看好孩子的音乐发展，都向孩子伸出橄榄枝。

人生来独立而自由，人与动物最大的区别在于动物没有选择权，而我们人有选择权。

我家闺女现在两岁八个月，她要自己穿衣服，而且要穿她自己喜欢的衣服。以前是用勺子吃饭，现在要用筷子吃饭。最近不喜欢别人叫她小妞、小妹妹，而是喜欢别人叫她大姐。热天时，当我们出去玩的时候，要把防蚊贴贴在背上，以防蚊虫叮咬。每次拿出那个防蚊贴，她都会说："我要自己选一个，我要这个机器猫的。"

孩子是通过选择来体验自主感，如果我们的自主感的需求长期受到挫败，其结果不仅会令我们恼怒，更有甚者会让人心里扭曲，前面讲过的陈欣然弑母案就是这样。如果家长不使用控制手段，而是义无反顾地帮助孩子体验自主感，那么这些孩子会更容易按照要求行事，鲜有不良行为。

允许才能让一个人获得最大限度的成长

"好奇心"和"内在自由"离不开"外在自由"

爱因斯坦的伟大是举世公认的。大家都知道，他是非常有智慧的人。晚年的他非常关心教育问题，在他的有关论述中，特别提到了两个教育的概念：一个是神圣的好奇心，探究未知事物的强烈兴趣以及在这个过程中获得满足感和快乐；另一个是内在的自由，即不受权力和社会偏见的限制，也不受未经审查的常规和习惯的羁绊，而能进行独立的思考。可以看到，这两方面在一切伟大的精神创造者身上都鲜明地存在着。各种不允许便会把孩子的两种特质扼杀掉，这两种特质的培养都依赖于成长环境——外在的自由。因此父母应该给孩子提供一个自由的环境，对两者都予以支持。

爱和自由是每个人终极的追求。当我们在控制孩子的时候，我们是在剥夺孩子的自由，那与我们人类的本性是相违背的。

但很多父母担心如果给了孩子自由，孩子会放纵自己，从此堕落下去，这是因为我们把人性理解为本恶，他们不了解的是，孩子来到人世上，最重要的任务是完善自我，而完善的方向是更好、更有力量、更有爱、更美。

奥地利心理学家阿德勒说："追求卓越是人的本性。"只有施行最大的自由，才有最大的成长，如果只是强制要求遵守道德规则，那不是成长，那是服从。每一个人的内在都有三个不同的层面：动物的本能性（兽性）、人性、神性。每个层面都真实地存在于一个人的内在，而人性介于动物的本能性和神性之间，是二者共同作用的结果，如果压抑人的自然本能和精神追求，人必将朝动物性方向发展。

> 曾经有一个孩子来参加快乐高效学习营，他当时读四年级，令他妈妈非常痛苦的一件事就是每次写作业，两个人总是闹得不愉快。孩子每次写作业都要妈妈辅导，不辅导就不写，就算写也是草草了事，为此母子二人经常因作业发生争执。孩子上完我们的课，明白了自己是主导，自己的未来应该由自己掌控。而妈妈则做了一个个案咨询，转变了观念，心理变得强大，允许孩子去承担他自己生命中发生的事情。当母亲放下控制的时候，孩子从此不需要他妈妈再盯着他写作业了。

蒙台梭利说:“有了自由，孩子就会选择自己感兴趣的东西；因为兴趣，他就会反复做，就会专注；在长久的专注中，他逐渐感知并把握事物的规律；把握了事物的规律，他就愿意遵守它，就有了自我控制力。什么样的纪律能超过这种纪律呢?”

父母如何做到允许?

在孩子的成长过程中，不允许的事情真不多，比如我家只有几条规则：第一条是不能偷、拿、抢别人的东西；第二条是看电视的时间每天不超过30分钟；第三条是不能打人、骂人、说脏话。

卡尔·荣格曾说:“心智成熟的全部目的就是个性化，就是脱离父母并具备独立思考的能力。”儿童所有自发性的活动都应该得到允许，允许孩子的四肢和身体充分自由，我们唯一要做的就是采取防范措施，教会孩子防范危险的方法。允许孩子的内心自由，让孩子自由地选择，孩子就是在做选择的过程中学会思考、计划、总结等各种能力。允许孩子犯错，要看到孩子的能力还在发展中，人非圣贤，孰能无过?犯错是很正常的。真正爱孩子的父母不会想把孩子变成自己的感情的傀儡，他们希望爱的人自由，就像他们希望自己获得自由一样。我要告诉各位父母的是：爱与自由并存。

允许一切如其所是

海灵格

我允许任何事情的发生
我允许事情是
如此的开始、如此的发展、如此的结局

因为我知道
所有的事情，都是因缘和合而来的
一切的发生，都是必然

若我觉得应该是另外一种可能
伤害的，只是自己

我唯一能做的
就是允许

我允许别人如他所是
我允许，他会有这样的所思所想
如此地评判我，如此地对待我

因为我知道
他本来就是这个样子
在他那里，他是对的

若我觉得他应该是另外一种样子
伤害的，只是自己

我唯一能做的
就是允许

我允许我有了这样的念头
我允许，每一个念头的出现
任它存在，任它消失

因为我知道
念头本身本无意义，与我无关
它该来会来，该走会走

若我觉得不应该出现这样的念头
伤害的，只是自己

我唯一能做的
就是允许

我允许我升起了这样的情绪
我允许，每一种情绪的发生
任其发展，任其穿过

因为我知道
情绪只是身体上的觉受，本无好坏
越是抗拒，越是强烈

若我觉得不应该出现这样的情绪
伤害的，只是自己

我唯一能做的
就是允许

我允许我就是这个样子
我允许，我就是这样的表现

我表现如何，就任我表现如何

因为我知道
外在是什么样子，只是自我的积淀而已
真正的我，智慧具足

若我觉得应该是另外一个样子
伤害的，只是自己

我唯一能做的
就是允许

因为我知道
我是为了生命在当下的体验而来
在每一个当下时刻
我唯一要做的，就是
全然的允许、全然的经历、全然的体验、全然的享受

看
只是看
允许一切如其所是

引领故事：你可以选你想要的

儿子想买一架天文望远镜，他自己用手机在京东网上搜索，那上面有 300 多元的，也有接近 1000 元的，然后他问："妈妈，咱们买哪种呢？"

我说："你比较一下这两种价位的机器有哪些功能区别？"

他说："我看了，一是清晰度，二是精细度，好的机器能够看到陨石坑。"

我说："那你买机器的目的是什么？"

他说:“当然是希望能够认识星系，更清晰地看看各个星球。”

我说:“那买哪个能更好地达成你的目的?”

他说:“根据介绍来看，应该是贵的那个。”

我说:“好啊，钱花出去，达到你所需要的价值就很值。”

他说:“妈妈，要1000元，也不便宜呢。”

我说:“钱是挣来的还是省来的呢?想一想世界首富们，他们是挣钱致富还是省钱致富?”

他说:“当然是挣钱致富。”

我说:“在你热爱的事情上投入金钱是很值得的。虽然我们不是大富翁，可是，我们可以凭自己的努力，让自己的生活越过越好。你看，咱们的生活比前几年不是更好了吗?”

他说:“那倒是。”

我说:“你值得拥有一切美好的事物，只要你去努力就可以达成。”

他嘿嘿地笑。

孩子想拥有一件东西，是因为内心好奇，想要去探究。如果你的条件允许，你可以满足他;如果你的条件不允许，你可以拒绝他，但请告诉他理由和原因，并同时引导他，只要努力，就一定可以达成所想。

作业

我对孩子有哪些不允许，一一列出来。

练习

与自己约会

1. 想一想，你要去约见一个与你一模一样的人，你希望让他非常快乐和开心，你会做些什么安排？

2. 把这件事情记录下来并安排到你的日程里，每天抽出十到二十分钟单独的时间，跟那个和你一样的人聊天。结束时，拥抱对方。

3. 坚持三周，你会看到不可思议的变化。

第三部分
优秀和平庸的区别在哪里?
——育子成才的方向

只有方向明确了，在养育孩子的过程中才不至于迷失、困惑、不知所措，才能让我们坚持做正确的事情，不至于浪费孩子宝贵的时间和精力，让其永远行走在正确的人生轨迹上。

家长行动宣言

全世界大多数人都有的恐惧：我不可能实现这个梦想；别人不认同我；我害怕改变；我害怕失败。其实这些恐惧都是幻象！

成功或失败的根源在于自我认知！

两种截然不同的自我认知造成人生的巨大差距！

每个人都有自己的最佳才能区，这是上帝赋予每个人的权利！

我们来到这个世界的目的：为了贡献自己的聪明才智，让世界因为有我而更美好，最终成为最好的自己！

第 10 章

引领孩子突破限制，让孩子成为最好的自己

有一位大师曾经说过一句话，有人在清醒地行走，有人在梦游。我们明明希望自己获得成功，行为却往往导致最后的失败，这是为什么？因为在我们的潜意识中，存在着未被发掘的限制性信念，这些限制性信念在潜移默化地影响我们的行为和意识，让我们做的事情总是事与愿违。

什么是信念？

信念是我们为人处世的指南，是我们大脑中固有的模式，它无时无刻不在影响和决定一个人的行为。信念，是一个人对其他人与事物的观点，是我所相信的事情或者你认为事物应该是怎样的。信念是一个人主观认定的事实，是这个人思维中的真理。

比如，“男人有钱就变坏、女人变坏就有钱”，如果你相信这句话，它就是你的信念。“批评使人进步，表扬使人骄傲”，如果你相信，它就是你的信念。信念系统关系到一个人的人生价值的根本。如果植入好的信念，则会支持我们实现人生价值、获取幸福、快乐；如果植入限制性的信念，则会让我们朝与之相反的方向行进。是信念在控制着我们，让我们创造自己所相信的未来。

是时候检测一下我们的信念了，今天要给大家聊聊大多数人都有的四个限制性信念。如果孩子的内心有这四个限制性信念，那么它们会将孩子紧紧缠住，让孩子不敢向前、不愿向前，最终束缚其一生的发展与成就。

前面的篇章中曾介绍过爱因斯坦晚年对于教育提出的重要两点，其中之一便是内在自由。尽量让孩子感到自己是“不受限制”的生命个体，剔除掉那些限制性的信念，让孩子感到内在自由。心由境生，境由心造，内在自由，孩子才有强大的力量去面对未来的人生。我们不妨把这四个限制

性信念称为“四个小鬼”。

第一个小鬼是恐惧梦想

奥地利教育家、心理学家阿德勒说:“追求卓越是每个人的天性。”每个人其实都有想要实现的梦想，大多数人却在梦想面前恐惧了。他们甚至不敢想一下自己的梦想，以至于没有了梦想。他们可能会觉得自己缺乏天赋和智慧以及缺乏资源，根本无法开始做重要的事情。所以，他们消极地把自己和他人做对比，贬低生活中的可能性，很多人选择混吃等死。没有梦想，生活便没有方向。

哈佛大学的一位心理学教授曾经针对人生目标这一问题进行了长达25年的研究。1953年，这位心理学教授采用问卷调查的方式向当年即将毕业的学生提出了一个问题:“你的人生目标是什么?”25年过去了，当年毕业的那批学生都走在各自的人生道路上，这位教授的研究团队对他们进行了追踪调查。研究人员将调查结果进行汇总、分类，得出了这样一个结论:在25年前的问卷调查中，面对人生目标这一问题，回答得越详细、越清晰、越正面的人，现在的社会地位、经济水平以及个人成就感就越高。

当我们为自己的人生树立正确并且清晰的目标后，就会产生动力去推动自己前行，激发自己的潜能。人的梦想一旦被点燃，人们便会自动自发地做事，教育就会变得很简单。

著名作家林清玄，小时候家里很穷，可是他在八岁的时候就立志将来要当一个成功的、杰出的、伟大的作家，自己每天鼓舞自己。有一天，他的父亲说:“十二，你长大以后要干什么?”因为在家中排行十二，父亲不叫他名字而是叫他十二。他说:“我长大以后要当作家。”父亲说:“作家是干什么的?”他说:“作家就是坐下来写一写字寄出去，人家就会寄钱来。”他爸爸很生气，当场给他一巴掌，然后说:“傻孩子，这个世界上哪有那么好的事情，如果有那么好的事情，我自己就先去干了，不会轮到你。”在他居住的地方，300年来没有出现过一个作家，一个小孩子突然想要当作家，这是很奇特的事情，没有人相信，也没有人认为可以成功。唯一理解他的是他的母亲，他的母亲一直相信他长大会成为一个作家，所以很关心他的写作事业，一直鼓励支持他去实现梦想。正因为有了这个梦想，小学时，他每天写 100 字的文章，初中时，他每天坚持写 500 字的文章，高中时，他每天坚持写 1000 字的文章。到现在为止，他已经出版了 131 本书。

林清玄在他的书中说："你的环境并不能决定你的未来，你的过程也不能决定你的未来，是你的心的向往决定了你的未来。"当下次我们脑子里冒出来"这怎么可能？"的时候，请有意识地把它换成"一切皆有可能"。

人生真的没什么不可能，只要你去看到它、相信它。我儿子从小立志要去读哈佛大学，我鼓励他拥有自己的梦想。对班上其他同学，他也常鼓励他们去实现梦想。他的广告词就是：如果一个人没有梦想，那你跟咸鱼有什么区别？他鼓励班上另外一个女孩子也一起去上哈佛。有一次，我在去接儿子放学的时候，遇到了那位女同学的妈妈，她对我说："你家儿子鼓励我家闺女去上哈佛大学，哈佛也不是谁想上都能上的，这是一个不切实际的梦想，不过，现在也没有别的办法了，只能鼓励，除了鼓励啥话也不说了。"我能从那个妈妈的话语和表情中感觉到，对孩子的梦想，她是不相信的，是恐惧的。

我常在想，一个孩子就算他最终没有实现自己的梦想，但他起码为之奋斗过，这段奋斗的经历不也是一笔财富吗？就拿我儿子来说，有可能他最终没上哈佛，但起码在青春年少时，他去追逐了自己的梦想，也没给自己留下遗憾，另外可能可以给后面的人总结出一套如何考上哈佛的切实可行的方法呢！

父母的首要任务之一是去启发孩子的梦想，并协助孩子去达成。请先去问孩子："你这一生最想实现什么？你的梦想是什么？你最喜欢做什么？你的一生要怎么活才觉得有意义？你要上什么样的大学？你想做什么样的工作？你想为这个社会做出什么成就？"其实，当我们自己真的知道我们要什么的时候，你会发觉成功就简单了，世界就简单了。当你坚定地朝目标前行的时候，世界就会为你让路，资源就向你涌来。

1942 年，美国洛杉矶郊区有一个没见过世面的少年约翰·卡达德。在他 15 岁的时候，他把自己一生想做的大事列了一张表，命名为"一生的志愿"。去尼罗河、亚马孙河和刚果河探险；登上珠穆朗玛峰、乞力马扎罗山；探访马可·波罗和亚历山大一世走过的道路；重演一部《人猿泰山》那样的电影；学会驾驶飞机；读完莎士比亚、柏拉图和亚里士多德的著作；

谱一部乐曲；写一本书；游览全世界每一个国家等。他给每一项都编了号，一共127个目标。

43年后，也就是1985年，戈达德在经历了18次死里逃生的冒险和无数个难以想象的困难后，达成了其中的106个目标，他获得了很大的成功，取得了举世瞩目的成就，享有世界探险家的崇高荣誉，成为英国皇家地理协会会员和纽约探险家俱乐部的成员。

卡达德的成功在很大程度上应当归功于他少年时代定下的目标。他说，他制定了这幅奋斗的蓝图，心中有了目标，他就会感到时刻都有事做。“我决不放弃任何一个目标，这样，一有机会到来，我总是准备完毕。”可见，目标对于激励、保持和巩固他的进取心，起了很大的作用。

> 人能够想到、能够相信，一定是能够实现的。
>
> ——歌德

第二个小鬼是恐惧改变

我们害怕新想法、害怕新的生活，做什么事情都瞻前顾后，过高地估计困难，做决定十分困难，害怕做的决定比现在还糟。我们干一份工作，每天都在抱怨，非常不喜欢这份工作，可是我们一干就是一辈子；我们在婚姻中，已经很难过下去了，可两个人还是凑合着过，这是为什么？因为我们恐惧改变。

大部分人都喜欢稳定，喜欢让一切维持在原有的状态。为什么害怕改变？一是因为害怕失去，任何一种“失去”的可能性都让我们感到恐惧。可是，在这个世界上，你要理解“什么叫得到、什么叫失去”是非常困难的。作为一个员工，你今天工作8小时，即可得到8小时的工资，如果你请假一天，就失去一天的工资。但是，生活不是这样的，生活中得到与失去是一个大循环的过程，不是当下的交易，而是一辈子的交易。

请不要害怕改变，尽管有时你可能会因此失去一些东西，但你也可能会得到一些更好的。

我有一个朋友，跟她老公关系不好，老公出轨有了别人，两人经常吵闹。之所以不想离婚，是因为担心孩子没有了父亲，孩子心理会不健康；

担心父母受不住打击；担心身边的亲人会嘲笑她，成为谈论的话题；也害怕未来找不到好的先生。5年后，她感到胸疼痛，去医院检查发现身体长了肿瘤，幸好是良性的。有一天，她突然想明白了，如果上天能再允许她健康地度过下半生，她不要再这样活了。她当即决定离婚，离婚后，她发现自己曾经担心的种种都是多余的。别人的眼光？生活是自己的，和别人有什么关系？父母的失望？若她没过好，父母才真的失望。离婚后，她一改怨妇形象，工作之余积极学习，去世界各地旅游，开始练瑜伽，让身材变得更好，她现在也遇到了新的爱人。

我现在越来越相信，生活的意图不是让你失去，而是让你得到机会。这是因为世界的运行遵守能量守恒的原则：这边失去，那边一定会得到。同时，塞翁失马的故事也告诉我们，一件事情从表面上看你可能受了损失，但实际上你却有可能因此而获得好处。老子说："祸兮福之所倚，福兮祸之所伏。"人间的祸福都是相互依存、相互转化的。

未来的不确定性冲击着我们的安全感，我们大多数人认为的是：不改变＝安全，改变＝不安全。既然未来不确定，那么，不改变也不等于安全啊。马克·吐温说过一句相当经典的话："很多人一生中的大部分时间都是在担心根本不会发生的事情中度过的。"

尼采有言："对待生命我们不妨大胆一点，反正总会失去它。为什么要执着于这一块土地、这一种职业，为什么要顺从邻人的意见呢？"我们降生时赤裸裸地来，等到我们两手一撒，离开时也带不走任何东西。而对这个世界有所贡献、被这个世界所记住的以及真正富有的人，都是敢于去突破、去改变的人。

美国现代大画家路西欧·方达，早年画油画时始终得不到大众的喜爱，心理受挫，情绪也很烦躁。有一天他坐在画布前，凝视画布许久，一笔也画不下去。他生气地拿起一把刀把画布割破了。在画布破裂的一刹那，犹如电光石火，他马上有了一个灵感：割破的画布算不算一种创作呢？于是他把另外的画布拿来一一割破，然后公开展览，竟使他创造了一种新的艺术风格，成为一代大师。

对成长中的孩子们，父母更应该从小鼓励他们去尝试。不去尝试，你怎么知道哪个适合你、哪个不适合你？孩子就是在一次次的尝试中逐渐培养出自己的喜恶。你不打球，你怎么知道你喜欢？你不唱歌，你怎么知道你喜欢？你不吃巧克力，你怎么知道你喜欢？尽可能多地去尝试，这也是让孩子永远保持一颗好奇心的最好方法。

害怕改变的人经常有句口头禅："我没有办法，我能怎么着？"请你把这句口头禅换成"我如何才能做"。很多事看似没有办法，其实只要你勇于去尝试，总是能找到办法，最终让你获得物质与精神的双丰收。这样的成功不仅是物质的成功，更是心灵的成功。

只有当你认识到生命中根本没有安全这种东西的存在、了悟到生命的不确定性、一切都在变化时，你才领悟到了某种真理。

> 所谓的安全多半只是一种执迷，它既不存在于自然界，孩子们也没有体验过，而且从长远来看，避免危险并不会比坦然面对更安全，人生不能够勇于冒险就毫无价值可言。
>
> ——海伦·凯勒

第三个小鬼是恐惧别人不认同

不习惯在别人面前讲话，害怕在别人面前出丑；不敢发表自己的意见，害怕跟别人的意见不一致；怕别人不喜欢我；跟人聊天时，别人不经意的一句话都会让你很难过；非常在意别人的眼光，有时候别人一个眼神都会让自己心惊肉跳；去做事情时，心中总是会担心如果没有做好，别人会怎么看；不敢跟陌生人交流；总觉得比不上别人，觉得别人看不起自己。如果你经常这样想，背后的原因是恐惧别人不认同。

如果你担心别人对你的看法，你就会受制于他人。唯有当你不需要外界的认可时，你才能拥有你自己。

乔布斯在斯坦福大学毕业典礼上分享说，他十七岁时读到一句话："如果你把每一天都当作生命中最后一天去生活的话，那么，有一天，你会发现你是正确的。"从那时开始，33年来，他每天早晨都会对着镜子问自己："如果今天是你生命中的最后一天，你会不会完成你今天想做的事情呢？"

当答案连续多天是“NO”的时候，他知道自己需要改变某些事情了。“记住你即将死去”是他一生中遇到的最重要的箴言，所有的荣誉、难堪等在死亡面前都会统统消失，我们还需要获得别人的认同吗？不用，我们没有理由不去好好地活出自己。

这个世界上只有三种人：一种是喜欢你的人，喜欢你的人无论你做什么都会喜欢你；一种是对你无动于衷的人，你做得再好，他也当看不见；三是不喜欢你的人，你做得再好，他还是不喜欢你。我们每个人在世上都会遇到这三种人，没有例外。所以，别人认不认可你根本不重要，重要的是，你自己认可自己。否则，就算全世界的人都称赞你，而你内心却觉得自己不够好，也依然不会快乐、安宁。

> 每个人都应该坚持走为自己开辟的道路，不被流言吓倒，不被他人的观点牵制。
>
> ——歌德

第四个小鬼是恐惧失败

平时在做培训和个案时，父母经常说自己的孩子“输不起”、“害怕失败”，遇到一点失败就备受打击，或者因为害怕失败而干脆逃避困难和挑战。我还记得我上学时，非常不喜欢参加班上的各种竞赛活动，只要是竞赛，我都不愿意参加，因为内心总有个声音说：“失败了就太丢人了。”老师委派工作时，心中又有个声音出来说：“我怕做不好。”

我们之所以害怕失败，是因为从小的集体潜意识让我们接受一个认知，即一件事情没有达成我们心中想要的结果，我们就认为失败了；一件事情达成了我们想要的结果，我们就认为成功了。我们太在乎结果，而常常忽略了从失败中可以得到什么样的经验。

有一次，我儿子去参加学校的抢答比赛，三年级有三个班，每个班三个人参加，这次抢答赛他们小组得了年级最后一名。在放学回家的路上，曾经的我可能会说：“你们这次没弄好，又失败了。”可如今的我却对儿子说：“儿子，人生没有失败，只有得到，你从这次事件中，得到了什么经验呢？”儿子说：“我发觉三个人配合不好，因为有时候三个人会有不同的意见，不敢抢答，这样就错过了答题。”我又问：“那下次你会怎么办？”他说：“我们会推选一个人主答题，其余的人辅助，如果主答题的人不确定答案，才三人商量。”我说：“嗯，宝贝，你会看到每一件事情的出现，都是让我们学习和成长的。有些事情一开始你无意识地做对了、做好了，其实恰恰少了总结经验的机会，你说对吗？”儿子点点头，脸上又恢复了自信的笑容。

我们恐惧失败，可是失败是每一个人都会经历的，越成功的人失败的次数也越多。

当你把某件事情的结果定义为失败，而又把失败定义为一件不好的、不光彩的事情，那失败自然就是不好的；如果把失败当成是一次尝试、一次探索、一次新的体验，失败就变成了一件好事。

俗话说，失败乃成功之母，这个世界上根本就没有失败。我常说，人生没有失败，只有得到。做好了，得到想要的结果；事情没有得到预期的结果，那也得到了经验教训。应该在人生的字典里剔除“失败”二字，请改成“未曾达到理想的结果”。

“我试试”，则每日皆成大事；而“我不行”，则一事无成。

——罗塞蒂

让孩子成为自己

父母除了要帮助孩子对“幻象的恐惧”建立正确的认知，摆脱“四个小鬼”的限制性信念的负面影响之外，还有很重要的一点就是支持和鼓励孩子“成为自己”。印度大师奥修说：“耶稣所做的是他自己内心的低语，基督徒们一直在做的并不是他们自己内心的低语，他们是模仿者。你模仿，你就侮辱了你的人性、侮辱了你的存在。永远不要当模仿者，要始终是原作，不要成为一个复印件。如果你是一个原作，生命真的是一支舞——你命中注定就是要当原作的。”

每个人只能成为自己，一个人的一生就是成为自己的一生。怎么才是成为自己呢？做独立自主的个人，发现自己的独特才能，从而发挥出自己的潜能，成为最真实、最极致的自己，成为一个真正的创造者。

我们为什么要成为自己

美国一名叫博朗尼·迈尔的临终关怀护士在“临终前你会后悔的事”一文中，总结了生命走到尽头时人们最后悔的 5 件事，其中最后悔的是“希望当初我有勇气过自己真正想要的生活”。正如卡明斯所说：“在这个世界上除了做自己外，不要试着成为其他人，世界总是极力想把你塑造成别人，这意味着你所面对的是最艰巨而且永无止息的奋战。”

心理学家马斯洛的需求层次理论告诉我们，人有五个层次的心理需要：生理需要、安全需要、爱与归属需要、自尊需要、自我实现的需要。另一位心理学家罗杰斯解释说，所谓自我实现的需要，就是成为自己。我们来到这个世界的目的，就是创造我们的身份然后去体验它。2016 年看过一部影片，名字叫《海洋奇缘》，在这部影片中，有一句话一直贯穿整个影片，那就是：“你是谁，你是谁？”还有另外一个问题：“一个人，如果不想遇到错的人生，是不是该先遇到对的自己呢？”我们来这个地球上的任务，并不仅仅是为了活着，为了生存，而是为了成为自己，实现自己生命的最大价值，让这个世界因为有我比没有我更好！

如果不能成为自己，这一生之中都在寻找“我是谁”

美国明星“小甜甜”布兰妮·斯皮尔斯，她在演唱事业上获得了极大的成功，但是，这个成功不是她想要的结果，而是她妈妈林恩想要的结果，妈妈林恩一直按照自己的想法塑造女儿。从两三岁开始，妈妈一直带着她转战美国各地，用尽各种办法为她谋取演唱的空间。少女时期，她恋爱了，她妈妈认为恋爱会影响女儿的星途，就迫使这个男孩离开了布兰妮。布兰妮的妈妈在各个方面都想操控女儿，长大后两人甚至一度决裂。

按照现在大多数人的想法来看，布兰妮的妈妈在教育布兰妮一事上是无比成功的，她把自己的女儿塑造成了超级明星。从布兰妮的意识层面来看，妈妈为自己付出一切，让自己获得了非凡的成功。可是，人除了意识，还有潜意识、感觉、感受，布兰妮的潜意识感到的却是被剥夺。三次精神崩溃后进了疗养院，布兰妮在一家疗养中心不断地对别人说：“我是骗子！我是冒牌货！”

这句话的意思就是：成功不是我的，是我妈妈的，你们看到的我不是真正的我。打个比方，孩子本来是一个圆，而父母却觉得正方形最好，于是拼命按照正方形塑造。最终孩子变成了正方形，你觉得教育很成功，而对于孩子而言，他却失去了自己本来的样子。这样的结果，到底该庆祝还是遗憾？每个人在世界上终其一生的成功，不是成为偶像、明星、楷模、CEO，而是成为自己，活成自己想要的样子。

如何让孩子成为自己？

最近比较火的影视演员赵丽颖来自农村，生于1987年，学历是职高毕业，不是毕业于中央戏剧学院或者北京电影学院的高才生。她用10年的时间，把自己打磨成一颗耀眼的明星。导演告诉她，你是圆脸，演不了主角，她没有放弃。喜欢表演的她，一年365天，300天都在片场，坚持精进自己的演技，最终用专业的演技征服了观众。还有大家熟知的童话大王郑渊洁，他没有上过大学，却成了很有影响力的童话作家。记者采访他的成功秘诀时，他说："我找到了最佳才能区，每个人都有自己的最佳才能区，这是上帝赋予每个人的特殊能力，是任何人都替代不了的。"

我曾经见过一个小女孩，从小很喜欢唱歌，小时候学业不重，妈妈给她报了音乐兴趣班。随着年龄的增长，课业越来越繁重，小女孩的成绩不好，妈妈非常焦急，千方百计加大补习班的力度，可成绩一直不理想。女孩想唱歌，妈妈就说："成绩都上不去，还唱什么歌。"妈妈觉得，唱歌不能当饭吃，唱歌也不一定就能出名，不出名啥都不是，还不如考个好学校找份工作踏实。当我见到她的时候，小女孩子已经抑郁了，开始逃学了。她妈妈带她女儿找到我，我发觉她聊起音乐时两眼就放光，心情极好，我建议她母亲让专业人士给评估一下。他们到音乐学院找到一个导师，导师也认为这个孩子在音乐方面很有天赋。后来母亲放下自己的期待，尊重孩子的兴趣，重塑她对音乐的梦想，孩子立志要考中国最好的音乐学院，每天练唱歌的同时，自己开始主动去学习其他文化课。

父母的职责之一是要帮助孩子找到他的天赋潜能，找到孩子独特的能力，然后协助孩子把独特的能力发挥出来，按照孩子的样子去打造，而不是按照父母心中的想法去打造。

鼓励个性发展，而不是求同

心理学界有一个共识：个性等于创造力。让·保尔曾说："没有个性，人类的伟大就不存在。"既然这样，人的培养过程应该是一个个性的培养过程。

可现实中，我们的教育方式就是在抹杀孩子的个性。例如孩子哭闹了，大人通常会训斥，要求孩子不许哭闹，并且还呵斥："就你爱哭，你怎么那么爱哭呢？"你说了什么不重要，重要的是孩子怎么诠释这句话。如果孩子诠释成：我哭得太多，跟别人不一样，那就是我不正常。这样孩子就慢慢地学会了不表达自己、隐藏自己、逃避自己。

孩子不断地被打压、不断地被比较、不断地被高要求、不断地被灌输、不断地被要求考出好成绩、不断地被要求追求成功、不断地被要求好名次，于是，孩子被制约了，变成了机械化的人类，毫无创造力。我曾经见过一个小孩子习惯用左手写字和吃饭，父母却强制让他换成右手写字和吃饭，还看见很多家长给孩子报好多补习班和兴趣班，希望孩子样样都行。当孩子的想法和行为与家长设想的不一样时，父母就想让孩子改正所谓的缺点，不断地跟孩子讲道理，目的就是让孩子顺从父母的想法，按父母的想法行事，变成父母眼中的乖孩子。父母很少责备自己的孩子盲从（盲从是缺乏思考的表现），却常责备他们叛逆。所以蒙台梭利说："我们（父母）造就了大量的平常人。"

以色列哲学家马丁·布伯称，一旦你将对方视为实现你的目标的对象和工具，那么，不管你的目标看似多么伟大，你都对那个人造成了伤害。父母要鼓励孩子个性的发展、允许孩子的不同，这样的教育才是适合个性的教育。

人真正的目标只有一个，就是成为最真实、最极致的自己

前几天，读到作家刘瑜写给 100 天的女儿小布谷的信，信里说："没有几个汉语词汇比'望子成龙'更令我不安，事实上这四个字简直令我感到愤怒：有本事你自己'成龙'好了，为什么要望子成龙？如果汉语里有个成语叫'望爸成龙'或者'望妈成龙'，当父母的会不会觉得很无礼？所

以，小布谷，等你长大，如果你想当一个华尔街的银行家，那你就去努力吧；但如果你仅仅想当一个面包师，那也不错；如果你想从政，只要出于恰当的理由，妈妈一定支持；但如果你只想做个动物园的饲养员，那也挺好。我所希望的只是，在成长的过程中，你能幸运地找到自己的梦想——不是每个人都能找到人生的方向感，又恰好拥有与这个梦想相匹配的能力——也不是每个人都有与其梦想匹配的能力。是的，我祈祷你能‘成功’，但我所理解的成功，是一个人对自己所做的事情有敬畏与热情——在妈妈看来，一个每天早上起床都觉得上班是个负担的律师，并不比一个骄傲地对顾客说‘看，这个发型剪得漂亮吧’的理发师更加成功。”

我真的想要为这个妈妈点无数个赞。不论做什么都没有关系，或许是一流的厨师，或许是面包师，或许是理发师，或许是企业的CEO，关键在于你能够将所有能量投放进去，你不想成为其他任何人，这就是你想要成为的，你享受现在所做的一切。当你成为真正的你，你就是这个世界上最富有的人。

我以前在多家公司上过班，换过不同的工作，直到我开始学习家庭教育和亲子教练，我才发现自己可以用教练的方式去激发别人的潜能。我非常喜欢这个职业，我喜欢孩子，喜欢学习成长，也喜欢分享，所以，做这些工作的时候，我不仅不觉得累，还总觉得时间不够用。当我们能够寻找到自己的时候，内心会升起踏实、喜悦的感觉，这种感觉真的没法用语言和文字表达出来。孩子又何尝不是这样呢?

内在自由，生命完全绽放

恐惧有两种，一种是真实的恐惧，譬如我们见到蛇会害怕、站在高处会害怕，这种恐惧能够保护我们不受伤害；另一种恐惧是幻象，是我们的头脑想象出来的。前面谈到的4个小鬼就是幻象，而这4个恐惧会把我们缠得紧紧的，让我们在生活中不敢想，在浑浑噩噩中度过一生；不敢做决定，犹豫不决，优柔寡断；不敢表达，讨好别人，失去自己；不敢主动做事，不敢负责任，失去进取心；做事畏畏缩缩，不敢前进，从而借用其他的上瘾症来麻痹自己，例如酒瘾、吃瘾、宗教瘾、工作瘾、网瘾等。我希望父母和孩子们真的明白，我们是一个个不受限制的生命体，我们的思想造就我们的现实。

我常常对孩子们说："人一定要有梦想，否则我们活得跟动物没什么两样。在生活中，不要害怕改变，更重要的是，不要在乎别人的看法，就算是总统，也照样有人喜欢，有人不喜欢，让所有人喜欢是做不到的。生活中没有失败，只有得到，想要什么就大胆地去追求。你的一生便是在你热爱的领域做出贡献，最终成为最真实、最极致的自己。"

引领故事：天才就是与众不同

十一出去旅游时，爸爸在前面开车，我和儿子两人看着外面的景色，聊了起来。

他说看到一句话，叫"人生没有梦想，跟咸鱼有什么区别？"这句话让他更加坚定了自己的梦想。

我说："儿子，人生有不确定性，如果你没有实现你的理想，你会如何想？"

他说："我会努力去实现，没有实现，当然会有遗憾。"

我说："那你会把它定义为失败吗？"

他说："那倒不会，就像妈妈你常说的，人生只有得到，没有失败，成功得到结果，失败得到经验。"

我又问他："你从北京转学去天津，你害怕这种改变吗？"

他说："有一点。"

我说："在转学中，你失去了以前的同学，失去了以前在班上的辉煌，可同时你也得到了新的同学，而且上学离家很近，你可以晚起床，而且你比别人多了一次转校的经历，不是吗？"

他说："对。"

我说："年轻的时候应该尽可能多地去尝试做事，只有多尝试，你才能知道什么是你喜欢的、什么是你不喜欢的，明白吗？"

他点点头。

我说："在学校，你怕别人不喜欢你吗？"

他说:“那倒没有,走自己的路,让别人找鞋去吧。而且,这次学校的跳绳比赛,虽然我是新来的,他们也不知道我的实力,但是,我靠实力争取到机会参加比赛。”

我说:“嗯,有实力当然要去展现,藏着,谁知道你的实力呢?别人不认可你不重要,重要的是你自己是否认可你自己,这点非常重要,你说呢?”

他说:“我认可我自己跳绳的实力,所以,我就一定要参加。”

我说:“假如别人都否定你呢,你怎么办?”

他说:“我跳给他们看。”

我说:“除了跳给他们看,更重要的是你要知道,比如你在一年级的时候不会跳绳,可到了三年级你已然跳得很棒,现在做得不好并不代表你以后做不好,是不是?”

他说:“那是当然,下功夫学就能做好。”

我说:“别人说你不好、不行,不要去相信他,任何时候要相信你自己,不要去在意别人对你的看法,1000 人有 1000 个看法,你怎么去迎合那 1000 人,你觉得呢?”

他说:“嗯,别人不认同时,我就会对自己说:‘天才都是与众不同的。’”

我说:“这句话我喜欢,说得太好了。”

我们俩互相拥抱了对方,我说:“儿子,看到你内心如此强大,妈妈为你点赞。”

儿子嘿嘿地笑。

作业

请回答如下问题:

如果没有了这些恐惧和担心,你会活成什么样子?在心里呈现出你所想的新的自我形象,描述所有的细节,你有什么感觉?你能看到什么?你能摸到什么？你能听到什么？你能闻到什么？

练习

新的自我

请让自己放松，闭上眼睛，带着上面呈现出的美好的样子去生活，想象一下，时间过去一个月，你的生活和工作会发生什么变化？你能看到什么、听到什么、感觉到什么？时间过去半年，你的生活和工作会发生什么变化？能看到什么、听到什么、感觉到什么？时间过去一年，你的生活和工作会发生什么变化？能看到什么、听到什么、感觉到什么？时间过去三年，你的生活和工作会发生什么变化？能看到什么、听到什么、感觉到什么？

第 11 章

引领孩子建立正确的自我认知

什么造就了人与人之间的不同？

这些年我一直在思考，是什么造就了领袖、成功者？有些人生来就摸到一手烂牌，却活出漂亮的人生？为什么有些人在很多领域都能获得非凡的成就，而另外一些人，明明摸到一手好牌，却活得很糟糕？为什么一些人生活在平庸、绝望、痛苦中，一点磨难就被压垮，失去了对生活的信心？直到我学了大脑神经语言程序学（NLP），才找到了答案。

NLP 理论认为，我们都是通过自身所描绘的画面、内心的语言以及身体知觉同自身交流，然后我们才会运用肢体语言等方式表达出来。人身体内部的成功体验（快乐、喜悦、爱、平和以及任何其所期望的情绪）则是自身内部交流的直接结果，你所感觉到的并不是发生在你身上的事情，而是自身对所发生的事情的认知。一个人选择的认知内容，决定他的感知和行为方法。我们的看法来源于我们的认知模式，这些模式包括身份、情绪、行为、经验和躯体的感觉，是一种持久而广泛的看待问题的方式。我们是如何认知的，我们就如何做出反应。

教育的真正目的……

在古希腊中部有一个叫德尔斐的圣哲之地，在德尔斐的高门之上，镌刻着一句简短的铭文：认识你自己。《与神对话》一书中讲："生下来的任务就是忆起自己是谁并去创造经验，这是你在地球上唯一的任务。"

自我认知是指个体对自己的存在的觉察，包括对自己的行为和心理过程的觉察。如果我们无法了解自己到底想要什么、自己的优势与劣势、自己的思维方式、自己的身份定位、自己的信念与价值观等，我们怎么能够到达渴望的高峰呢？如果没有自我认知，不了解人这部机器的性能，人就不可能自由，也不能管理自己，只能“梦游”般地行走于这个世间。认识自己是所有教育的真正目的。古人云：“人贵有自知之明。”自我认知如此重要，那么，孩子的自我认知都受什么影响呢？

孩子的自我认知与家长密切相关

一个家庭系统中的思维方式、话语、行为都是代代相传的，孩子就是透过养育者的这些思维方式、话语、行为慢慢形成自我概念、自我认知。自我概念开始于 0–3 岁。人是环境的产物，孩子会从周围大人的回应、话语、行动中学习如何感知自我，承接养育者的信念和价值观。

英国有一个爱德华家族，是真正的书香门第。老爱德华是个博学多才的哲学家，为人严谨勤勉，他的子孙中有 13 位大学校长、100 位教授、80 多位文学家、60 多位医生、1 位大使。同样在英国，有一个叫珠克的家族，老珠克是远近闻名的酒鬼和赌徒，整天浑浑噩噩、无所事事，这个家族至今传下 8 代、其子孙后代中有 300 多人当过乞丐和流浪汉、400 多人因酗酒致残或死亡、60 多人犯过诈骗罪或盗窃罪、7 个杀人犯。

不同的家庭造就不同的孩子，不同的自我认知造就不同的人生。我们希望孩子比自己更有出息，请从你这一代开始，和孩子一起去学习成功人士的自我认知，知晓自己在世上的真正身份并活出这个身份。

最坏的事情是人一生都不了解自己，因此一生就白白浪费了，不管多么富有、多么成功都没用。

——迪帕克·杜德曼德 博士

孩子会依据身份定位来做事……

有个古老的故事。

> 有个人在参观某座城堡，附近有许多百年以上的建筑物，一些工人正在那儿做事。他询问一个工人在做什么，这个工人厌倦地说："我的工作是切割和搬运石块。"他接着问第二个人，那人说："我是个切石工，这份工作使我能够养活家人。"第三个工人做着同样的工作却满脸高兴，他回答："我正在盖一座大教堂。"几年过去后，第一个工人还在做当初的工作，第二个工人成了包工头，第三个工人成了建筑师。

可见，做同一件事，定位不同，对事情的意义的诠释便不一样。第一个人是厌倦；第二个人是无奈；第三个人是高兴。对事情的意义的解读不一样，体验便不同，最终获得的成就也不一样。

一个人去做某件事情或不做某件事情，他的依据是什么？他的依据是他的自我身份，而大多数人都是无意识的。

印度圣哲拉玛那·马哈希教导学生要不断地进行自我探询，要询问自己："我是谁？活在这副皮囊中的人是谁？"圣哲深知，解决了身份问题，生活中的一切问题都可得到解决。

生活中什么是"最好"，取决于你的身份和你想要获得的身份。身份会每时每刻地影响着我们的信念，进而影响我们的所作所为、所思所想，包括我们说话的方式、衣着打扮、居住环境、与人相处的方式等。例如，我自己的身份定位是做一名卓越的亲子教练，于是我变得比以前更加努力学习和成长，同时不放过任何一个机会去教练别人，以此积累经验。在没学教练之前，我喜欢指责、批评别人，现在我喜欢用温和、引领的方式与别人谈话。我有这样的身份，便发展出可以看到的与之对应的能力和行为。

成功人士思考问题的方式与普通人有何不同？

下面这幅图是罗伯尔·迪兹的逻辑层次图，我们每一个人思考问题，都是从这几个方面来出发的。人生其实很简单，要么正面，要么负面。你人生的每个层面，无论是健康、金钱、人际关系、工作等，对你来说不是正面就是负面，关键在于你怎么想。你的视角创造你的思维，你的思维创造一切！

以前我很不喜欢冬天，我所认知的冬天太萧条，没有生气。可是有一天，我走在小道上，左边是结冰的湖面，右边是摇摆的树枝，心中突然想到自然的循环，冬天树木的休息是为了来年春天更好地绽放，如果你折断树枝，你就会看到里面全是生命的绿色，我一下子感觉到满满的生命力，只不过这种生命力在冬天跟我们人睡觉时一样处于休息状态。冬天还是冬天，季节没变，变化的是我的认知，我的认知一变，对冬天的感觉整个全改变了。

理解层次	负面	正面
系统	没希望、黑暗、束缚、分离	希望、光明、自由、一体
身份	没资格、受害者、小孩子、卑微如尘土	有资格、创造者、成人、宇宙之子
信念和价值观	可怜、想被人拯救、都是其他人不好	强大的力量、为生命负全责、事情都是中性的、一切很美好
能力（情绪）	怨恨、委屈、愤怒、恐惧、冷漠、无奈、悲伤	喜悦、平和、勇气、爱、淡定、主动
行为	指责、抱怨、逃避、控制人事物，想改变外界的人事物	爱、包容、有影响力、活在当下，允许人事物、改变和提升自己
环境	糟糕、不好、残酷、不公平、竞争	接纳各种现象的存在、不完美恰恰是完美

当知道控制思维是最高的形式，而且只有正面与负面之分后，你将会选择美好的正面的事情。

环境层面：是觉得学校不好、老师不好、政府不好、同学不好，还是以一种完全接纳的心态接纳不好，明白好与不好都是相对的。

行为层面：我们对人事物是在苛责、抱怨、逃避吗？我们想要去改变外在的人事物，认为外在的人事物在影响我们的情绪和成功吗？希望控制别人，让别人听我的，还是对人事物给予温柔、充满爱、包容的对待呢？学会享受当下，感到每天都充满希望和快乐吗？明白自己为自己的快乐成功负全责，不再想去改变外在吗？允许别人有不同的意见和想法吗？

能力层面（情绪状态）：时常会有怨恨、愤怒、委屈、恐惧、失望、无奈还是更多的时间处于激情、喜悦、宁静、爱和安宁的状态？我们要去觉察孩子的情绪状态，孩子的情绪如果是愤怒、生气、焦虑的，反射出的就是对自我身份的不认同和不自信。

信念/价值观层面：我是可怜的，希望有人来拯救我；我都是对的，他是错的；有钱就是成功；上不了好大学太没面子……还是我为自己的生命负全责；一切都是美好的；我是爱和光；对与错都是相对的?

身份层面：是一个受害者还是一个愿意为自己负责的人?感到自己是微不足道的人还是拥有强大力量的人?认为自己是命苦、没有资格的人还是光明的使者，拥有改变世界的勇气?是永远处在一个小孩状态，希望别人来满足还是处在一个成人的状态呢?是认为自己不美好、不优秀还是认为自己最美好、最非凡、最优秀呢?

系统层面：对于未来，感到没有希望还是充满希望?感到是在黑暗中挣扎还是在光明中前行?是感到受束缚还是感到自由?是关注生老病死的苦还是感到全身心的健康、快乐?是感到生活很残酷还是感到生活很美好?是感到彼此分离还是感到我们都是一体的?

一面天堂一面地狱……不同的自我认知带来不同的人生

一面天堂一面地狱，事情本无任何意义，所有的意义都是人为赋予的。如何处理事情，均取决于我们的自我认知，而认知却是我们自己创建的。孩子是每一个文化中最重要的资产，世界未来的前途依赖于下一代，而孩子对自我的认知会影响他们在生命中的一切抉择。既然这样，引导孩子的关键在于，让孩子有一个积极、正向的自我认知。

> 1952年，爱德蒙·希拉里想要攀登世界最高峰珠穆朗玛峰。在他失败后数周，他被邀请到英国的一个团体演讲。希拉里走到讲台边指着山峰的照片，一边握拳一边大声地说："珠穆朗玛峰，你第一次打败了我，但我将在下一次打败你，因为你不可能再高了啊，而我却在成长中。"在仅仅一年后的1953年5月29日，希拉里成为第一位成功登上珠穆朗玛峰的人。

大家可以看得到希拉里的自我认知。他是在天堂这边，他从没觉得他是一个失败的人、可怜的人，他没有资格再去攀登珠穆朗玛峰。他没有处在这样一种人间地狱的自我认知状态，而他更多的认知是，他是一个成熟的人，他为他自己的这次失败负责。

当遇到同样的事情的时候，不同的自我认知造就不同的生命状态，是否卓越和平凡取决于我们的自我认知。

案例：希拉里登珠峰

	反面	正面
系统	没有希望了	一切皆有可能
身份	我是一个失败者	我是一个强者
信念、价值观	失败太丢脸了，没希望了	失败是成功的垫脚石
能力	估计是我体力达不到	我可以加强练习
行为	我放弃吧，去做别的事吧	积极准备，总结经验
环境	环境太恶劣了	掌握更多有关珠峰环境的情况

大师是如何定位自己的身份的？

每粒椰子树种子都具备长成参天大树的潜质，每一个人也都可以活出自我荣耀的一生，但为什么在夜深人静的时候，我们却觉得活得很失败、活得很窝囊、活得很迷茫呢？那是你的眼光总是聚焦于不好的一面，看到的都是负面，问题限制了你，让你忘记了自己真正的身份，忘记了自己是谁。而那些成功的人，他们永远知道自己的身份，他们看待问题时总是看积极的一面。

唐僧师徒四人去西天取经，遭遇九九八十一难，最终取得真经。阿里巴巴的马云在创建阿里巴巴之前，开了四个公司，均以失败告终。凡成功者，遇到的困境丝毫不比我们少，甚至更多，当遇到绝望的困境时，大师永远看积极的一面，永远认为自己一定可以，从而克服各种困难，最终达到巅峰。而普通人却只会看负面，从而怀疑自己、否定自己，最终自怨自艾。你是你生命的大师，你知晓了吗？

成为自己生命的大师

卡尔一家都是走钢丝的艺人。20 世纪 40 年代末，他们一家人练成了一套令人赞叹的绝技，即在表演的最后，他们会进行惊心动魄的六人叠罗汉，也就是三个人站在钢丝上，两个人站在他们的肩膀上，一个人站在最上面。“飞人沃伦达家族”的称号由此世界闻名。他们和林林兄弟马戏团（Ringling Brothers Circus）一起表演，还上了电视。

1962年，在一次表演六人叠罗汉的时候，沃伦达一家人从六层楼高的地方摔了下来，结果两人死亡、两人重伤。重伤的人里有卡尔，他的骨盆摔骨折了。一瞬间，“飞人沃伦达家族”就这样消失了。

在这场可怕的事故过后，卡尔是怎么做的呢？他花了六个月进行治疗，才能在双拐的支撑下活动。当他能够走路后，他在家里后院的草地上架起了离地2英寸的钢丝。他坚持每天练习，渐渐把钢丝升高。有邻居嘲笑他或者好心安慰他，让他放弃这个职业。

卡尔是一位大师，他知道自己真正想要的东西。经过一段时间的练习，他又开始了所热爱的钢丝事业。面对记者的问题，他总是说：“走在钢丝上我才活着，其他一切都是在等待。”如果换成我们呢？遭遇这样的重创，我们会如何去认知呢？我们可能会想，我再也不要碰钢丝了，不仅我不要碰钢丝，我也不会让我的后代再碰了，这个职业太危险了，我们的命都丢了，太可怕了，必须改行。大师对自己有着清晰的自我认知，到现在为止，他的第七代子孙尼尔已经成为世界上走钢丝绳的高手。

大师知晓他们的身份，更重要的是他们在生活中实践他们的身份，活出了自己。

孩子怎么才能成就快乐、成功的人生?

我们不是在认识世界，而是从自我认知的角度去认识世界 。NLP大师李中莹老师说，成功、快乐的人生是可以策划和实现的，但必须从“身份”开始，身份是决定人的行为背后更深层的因素。对于相同的人事物，也会因为对身份的不同定位，导致不同的情绪感受、行为和结果。循着理解层次一级一级往下，用这个方法发展出来的人生策划，最能推动人们前行。

请你遵循上面的逻辑图，再次审视一下自己，你想变成什么样的人？你到底喜爱什么？你对未来充满希望还是感到没有希望？你认为自己很强大还是弱小？你认为自己有力量还是无能？你相信自己能达成目标还是认为自己不行？你在逆境中会发现光亮还是看到的全是绊脚石？你相信可以去整合资源为你所用还是认为环境不好？大多数人在负面的认知中止步不前，想要改变人生，请重新定位自我认知。一个拥有积极、正向的自我认知的孩子，坚信能解决遇到的所有问题，长大后，他们将能轻松面对人生，从他们身上我们可以看到勇气、开放、责任感、进取心等特征；而那些拥有消极、负向的自我认知的孩子，认为人生是问题和麻烦，我们从他们身上看到的是畏缩、逃避、猜忌、迟疑、悲伤、痛苦等人格特征。

我们真正的身份到底是什么？

圣哲克里希那穆提说："无知的人并不是没有学问的人，而是不明自己的人。了解人是由自我认识而来，而自我认识，乃是一个人明白他自己的整个心理过程。因此，教育的真正意义是自我了解。"作为父母，要让孩子感到生而为人的高贵，让孩子明白他们作为人的价值所在。我们是谁？我们到底是谁？我们是这个世间最美好、最非凡、最优秀的存在，我们是善良的、有同情心的、爱的存在，我们是有勇气、有力量的存在、我们是最聪明的存在，我们都是宇宙之子，我们是光、是爱，生来是为了闪耀，照耀自己、照耀别人、照耀世界！我们是一个限量款，人间只此一款，其价值之高无法衡量……

最后附上南非总统曼德拉的诗句，并向这位伟人致敬（曼德拉知晓他的身份是上天的孩童，正因为他拥有强大的自我认知，27 年的牢狱生活也没有把他压垮，最终成为南非总统）！

我们最深的恐惧不是我们的不足
我们最深的恐惧
是我们那无法度量的强大
是我们的光，而不是我们的黑暗
把我们自己吓倒

我们自问，我是谁
可以如此耀眼，如此光彩、天赋异禀
实际上，你正是这样的
你是上天的孩童

让自己扮演小角色无法服务于世界
为了让周围的人感觉安全
而让自己缩小无法带来启迪

我们生而应闪亮，就如孩童那般
我们的降生就是为了在尘世展现
展现上天在我们之内的荣光

当我们允许自己的光闪耀
无意识中我们在允许他人同样闪耀
当我们从自身的恐惧中解放
我们的存在就解放了他人

——纳尔逊·曼德拉

作业

根据逻辑层次图，通过一件事，写出你在每一层的自我认知。

练习

我是……

举个例子，如果你说我是聪明的，这时你头脑中立马出现一个声音说我不聪明，我挺笨的，那么你内心中就没有认知到你是聪明的。于是，你要问:“我哪些地方笨？”安静地倾听你内心的回答，逐条写下来，然后逐条去问："这是真的吗？""谁说的？""这个想法能让我过上好生活吗？""如果没有这个想法我会怎么样？""怎样转换这个想法会让你感到更好？"

最后，写上你认可的答案，读 50 遍以上，直到你的头脑认同这些新的信念。然后检测自己是否接受了这些新的信念，你再次说我是聪明的。如果没有反对的声音，就证明你内心接受了。

第 12 章

引领孩子打造强劲的内在动力

科学研究表明，人没有智力不足的问题，很多人的智力运用不到 1%。每一个孩子都是天然的学习者、强大的学习者。你还记得孩子在三四岁左右爱问“十万个为什么”的时期吗？那种求知欲是不是让我们很惊叹？

我记得儿子 3 岁左右的时候，每次坐车出去，看到外面的标语，他都问“这是什么字？”孩子小时候非常愿意学。随着孩子长大，很多父母都向我反映，孩子对学习越来越不感兴趣、越来越没有动力，而家长往往通过强迫、报班、打骂等外在手段来提高孩子的学习动力，但是收效甚微，而且让孩子越来越抗拒学习，甚至逃学和厌学，亲子关系变得疏离和紧张。

怎么才能让孩子自动自发地学习？怎么给孩子装上内在学习的驱动力马达呢？怎样让孩子学得又好又快呢？

孩子的内在动力与理解层次

NLP 中的理解层次揭示了人类的神经逻辑分为六个层次，并阐明了各个层次之间的关系（如下图所示）。理解层次准确地解释了人类的行为与思想之间的关系。用 NLP 理解层次来解读内在学习动力，可以很好地解答父母的各种困惑，也让我们更清晰地知道为什么有的孩子非常热爱学习，有的孩子却抗拒学习。为什么学习成绩好的孩子都不用父母管，而成绩差的孩子，哪怕父母管也没多大起色？如果理解了理解层次的奥妙，父母就能明白怎么提升孩子的内在学习驱动力。

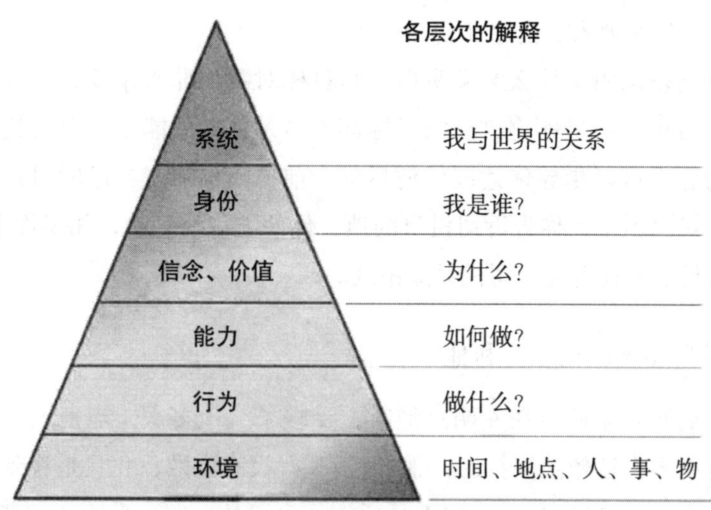

愿景对学习动力的影响

愿景是人们心中或脑海中所持有的意向或景象。愿景就像一盏明灯，指引着我们前进的方向，照亮我们前进的路。如果没有愿景，我们就会内在空虚，不知前进的方向，只能原地徘徊。海伦·凯勒说："人们同情我不能看或听，但我觉得更糟的是一个人没有愿景。"

可是，我看到很多孩子在填高考志愿时，不知道选什么样的专业，也不明白未来自己想做什么，自己到底喜欢什么、享受什么、热爱什么。作为父母，应当早在孩子到达这个年龄以前，让孩子知道自己心中真正想要的是什么。

愿景要清晰

有一个调查结果发现，27% 的人没有理想，生活没有目标；62% 的人理想模糊，生活目标模糊；10% 的人有理想，制定了短期规划；3% 的人有理想，制定了清晰的长期规划。25 年后，这群人的生活状况很有意思：那 3% 的人，因为一直有计划地朝着人生理想迈进，最后几乎都成了社会顶尖的成功人士；那 10% 的人，因为不断实现短期目标，最后成了社会的中产，做了律师、工程师、企业主管等；那 60% 的人，生活在社会中下层，没什么特别的成绩，就指望孩子将来有出息；剩下 27% 的人，成了社会最底层的人，成天抱怨他人、抱怨社会。

这个调查说明了什么？说明理想和目标对我们非常重要，尤其是清晰的理想和目标。如果你连自己的目标都不清楚，又怎能指望自己达成所愿呢？你的思想可以指导你达成任何目标，前提是你清楚自己的目标。正如你坐上一辆出租车，你告诉司机目的地，你便能很快到达，如果你上车说，我不知道目的地在哪儿，司机只能拒载。

愿景要伟大、无私、利他

众所周知，爱迪生在发明灯泡时，受挫了一千多次，当别人问他为什么失败这么多次还依然坚持时，他却说："我没有失败，我只是找到了一千多种不适合做灯泡的材料。"这不是矫情，也不是自嘲。受挫一千多次却依然兴致勃勃，其动力便来自他的愿景的支持。

"我的人生哲学是工作，我要揭示大自然的奥秘，并以此为人类造福。在我们短暂的一生中，我不知道还有什么比这种服务更好的了。"这便是爱迪生的愿景。

他不为钱而工作，如果他投身于其他的发明会更赚钱。他也不是为了舒适的生活才努力，他的生活在普通人看来是很痛苦的，每天超过 12 小时的工作，晚间在书房读三到五小时的书。

爱迪生的愿景不是成功、不是赚钱、不是名利，而是"揭示大自然的奥秘，并以此为人类造福"。这样伟大、无私、利他的愿景驱动着他，让他有无穷的动力克服遇到的一切挑战。他把每一次发现的不适合做灯泡的材料，都看成是对大自然的揭示，都看作是一种回报。

"为中华之崛起而读书"，周恩来以此为愿景发奋读书，成为万人爱戴的总理。司马迁遵从父亲的遗愿，立志写出一本旷世之作，后来写成《史记》。每个孩子也都在追求成功或者追求实现生命的价值。我们不应该仅给孩子塑造一个物质世界——成功就是拥有大量的钱、财、物，更要去给孩子塑造一个精神世界。

各位父母，你的孩子有愿景吗？孩子的愿景是什么呢？孩子的愿景清晰吗？孩子的愿景伟大、无私、利他吗？检视一下，我们是否在引领孩子朝着愿景奋斗还是向相反的方向奋斗？

身份对学习动力的影响

“身份”是一个人的心理活动最核心的部分，管理的是这个人关于“我是谁”或“我在这个世界上到底要成为一个怎样的人”的问题。或者说，有朝一日你离开世界后，你希望你的墓碑上如何描述你的一生，你希望大家如何看你？

孩子认为自己是学习高手，这样他便给了自己一个身份定位，大脑每时每刻都在搜寻意义。定位为学习高手，大脑便会搜寻正面的意义，发挥最大潜能把学习这件事做好。于是，孩子在学习过程中就会去思考、勤奋钻研、认真完成作业，以此来达成符合自己的身份定位的目标。

孩子认为自己不是学习的料，自己很笨，这样他也给了自己一个身份定位，只是这个身份定位是负面的。于是，大脑便搜寻为什么做不好的意义。孩子在学习过程中便会懒惰、粗心、学习不认真、上课不专心、不完成老师的作业，以此来达成符合自己的身份定位的目标。

为什么不同？为什么有差异？关键在于孩子对自己的身份定位不同。身份会每时每刻地影响着信念，进而影响我们的能力和行为、说话的方式、衣着打扮、居住环境、与人相处的方式、所作所为以及所思所想。

我的爸爸和妈妈从小就对我说“我们一教你学东西你就会，你是一个聪明的孩子”、“你学东西特别快”，我是反复听着这些话长大的，一次又一次，我深受这种观念影响。到目前为止，我也认为我是一个“一学就会的聪明的人”。

作为父母，我们要给孩子设立一个强大的身份，要让孩子明确自己的身份。很多孩子在学习中没有动力，主要在于没有明确的身份定位，或者给自己定位了一个负面的身份。

信念和价值观对学习动力的影响

信念、价值观的力量不可小看。说到底，人在世上活的就是一个信念、价值观。对于个人来说，信念决定你相信什么，价值观决定人生的境界。人与人之间的冲突就来源于信念、价值观的相悖。在学习中，最该给孩子输入什么样的信念和价值观呢？

学习首先应该是快乐的

有一年夏天，影星林志颖带着儿子小小志到法国里昂旅游，恰好赶上图书节，当地最大的市立图书馆开展了一项活动，即在两周内，谁读书最多，将有一份大礼物送给他。小小志也报名参加了，同时也领到了要读的书，小小志十分刻苦，放弃了一切活动。一周后，经过市立图书馆确认，小小志读了三本书，别的法国孩子一本也没有完成。林志颖看着孩子，成绩遥遥领先，让孩子再接再厉，抓住剩下的一周时间，争取创纪录，给老爸争光。

这时，市立图书馆的工作人员来了，带着一份要给第一名的礼物，对林志颖说："希望你的孩子放弃这次读书活动，礼物可以先发给你。"

林志颖很惊讶，问："为什么要孩子退出？"

工作人员说："因为你的孩子为了读书而读书，只想争第一，而不理解内容，没有感觉到读书的乐趣。读书不是比赛，没有功利性，他这样疯狂地读，要是得了第一，会给其他孩子树立不好的榜样。所以，我们提前发给你礼物，他退出了，别的孩子就没有了忧虑感，才会用心去感受读书的快乐。"

林志颖说这件事对自己触动很大，他对朋友感慨道："我们教育孩子读书，目的都不纯，规定了目标，好像是为了完成任务。这次法国之行让我明白，读书就是放松、就是享受，孩子读书仅仅是因为读书快乐，就这么简单。"

孩子希望学习的过程是快乐的、充满惊喜的、意想不到的，而我们给孩子更多的却是读书是单调的、痛苦的、重复的、死板的。

一个妈妈，孩子放学回家就让孩子快点把家庭作业做完，做完后又给孩子布置所买的辅导教材中的题目，后来孩子写作业就拖拉，能不写就不写，他的想法是，反正写完作业了，还得写作业，都是一直在写，多没意思，还不如慢慢写，少做点题。这位妈妈让孩子感受到学习是痛苦的、重复的、枯燥的。试想一下，如果一件事情，你一去做就难受，你还有动力去做吗?

做事应该遵循的原则：快乐－行动－结果而非结果－行动－快乐。

很多家长都有一个误区，以为要有好成绩（结果），需要去实施大量的行动（行动），最后我们才能到达快乐和喜悦的状态（状态）。而真实的情况恰恰相反，首先有一个快乐和喜悦的状态（状态），然后在这种快乐、喜悦的状态中去实施大量的行动（行动），最终拥有好成绩（结果）。

比如我家宝贝三岁之前基本不喜欢跟爸爸玩，可是有一天，我不在家，爸爸跟她一起做了很多游戏，她体会到了快乐，然后她就说："我跟爸爸玩挺快乐的，我还想跟爸爸玩。"

当你明白这个原理，每次孩子学习的时候，我们便把他带到积极、正向的感觉之中去，在我们的线下课程里，我们会教十多种方法，让孩子把快乐的感觉锚定在身上。

其次，负面信念（痛苦）让人失去动力

网上有一个小故事。

> 语文考卷发下来，我非常高兴，因为得了97分，放学了，我飞快地跑回家，大声说："妈妈，我考了97分。"这时妈妈从厨房出来，第一句就问："班里最高分是多少？""最高分是99分。"妈妈就说："你和他差两分，你还要努力些，要追上这样的差距，争取都得100分，一定要争第一。"
>
> 我想，考了97分，妈妈为什么还不满足？连一句鼓励的话都没有，非要我考100分不可。我扫兴地走进房间，我觉得怎么努力都达不到父母想要的结果，我内心特别难受，对于考试，我想想都很难受。

相信你也不止一次地见到这样的场景。现在已经有一些孩子在成长的过程中，对学习已经有了很多负面的体验，这些负面的体验正是来源于父母的负面信念的灌输、否定和比较。

奥地利心理学家阿德勒曾在书中讲过他自己的故事，他曾经几年下来都是班上的数学白痴，认为自己完全缺乏数学方面的才能。幸运的是，有一天，他出人意料地解出一道他的老师都被难倒了的题目。这次出乎意料的成功，完全改变了他对数学的态度。以前，他对这门功课已经完全失去了兴趣，现在，他开始喜欢上了数学，抓住每一次机会来提高自己的能力，结果，他成了全校数学最好的人之一。

新时代的父母应该抛弃以前的“学习是痛苦的”体验，给孩子植入“学习是快乐的”信念；抛弃“学习是枯燥的”体验，给孩子植入“学习是有趣的”信念；抛弃“学习是单调的”体验，给孩子植入“学习是变化多端的”信念；抛弃“学习很难学”的体验，给孩子植入“只要你愿意学，就能学会”的信念。

四、能力（情绪）对学习动力的影响

大部分家长提升孩子的学习能力是这样做的。

在孩子学习不理想的时候，都会替孩子选择一个培训班，经过一段时间会发现，补课或许真能提高学习成绩，但是往往治标不治本，这属于“头痛治头、脚痛治脚”。

日本作家林真理子在小说《平民之宴》里，温和地讽刺了中产阶级的“怪兽家长”，“怪兽家长”即指那些为孩子成绩抓狂的家长。

这部小说描写了一个尽职尽责的母亲由美子的故事。由美子是大学毕业生，老公是一家公司的部长，在日本属于中产阶级，她拼命想要维持目前的阶级或者向上层跃进，便对儿子翔寄予厚望，让他上名贵的学校、上很贵的培优班，孩子的童年被补习班填满。母子之间缺乏爱的交流，更像是一种交易。后来由美子无法说服儿子参加大学考试，不能忍受孩子的不作为，一气之下把儿子赶出了家门，从此翔开始了在漫咖的打工生涯，心中排斥母亲描绘的一切蓝图和愿景。

虽然知识是客观的，但学习却跟情感关系的质量息息相关。美国著名心理学家约翰·华莱士说：“情绪不过是一种心理活动而已，但你千万别小看它，事实上，它和一个人的学习、工作、生活等各个方面息息相关。如果一个人的情绪是积极的、乐观的、向上的，那么这无疑有益于身心健康、智力发展以及个人水平的发挥。反过来，如果一个人的情绪是消极的、悲观的、痛苦的，那么这无疑会影响他的身心健康，阻碍他的智力发展以及正常水平的发挥。”

小说中的翔一直觉得难以完成母亲寄予的厚望，他时常感到内疚、恐惧、愤怒、羞愧、痛苦，那种糟糕的感觉也会被带到学习中。这些感觉和孩子对学习内容本身的感觉是叠加在一起的。好的感觉产生动力，坏的感觉产生阻力。孩子情绪处理不当，会使孩子学习力更加低下，从而厌恶上学，甚至被迫退学。如何处理情绪，详见本书第十六章。

极少数家长为提升孩子的学习能力是这样做的

科学家们经过分析得出结论，每一个人身上的能力都可分为四方面：一个是独特的能力，是天生的，即天赋；另一个是优秀的、杰出的领域，你一做就能做得很好（譬如我见过一个人，非常擅长沟通，他一说话就能说到你心里，让你爱听并且愿意接受他的想法）；再一个是能力很强的，只要提升一下，就能做得很好；最后一个就是能力差的（如下图）。

人们无论多努力，总有能力相对差一点的地方。我们不要去关注能力差的那块，而要去关注孩子的独特能力那块，用独特能力去培养孩子。正如“金无足赤，人无完人”。我们要发现孩子真正的优势，在优势的领域里取得成功。全世界国际教育的典范——罗素高中的校长说：“我们的孩子是不同的个体，能力体现在不同的方面，而我们的国家需要不同的人才，孩子们在自己感兴趣的领域里会不断迸发出创新力和独立思考的能力。”

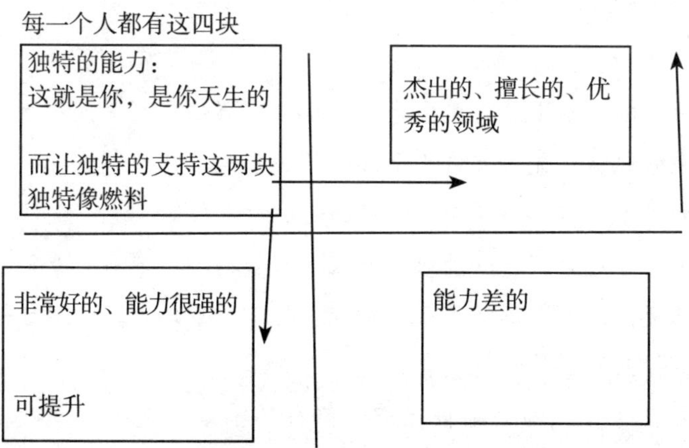

注：右边箭头表示要在优势领域里取得成功；左边两个箭头表示要用独特的能力去激发、去提升可以提升的能力以及杰出的、擅长的能力，最终在优势领域里取得成功。

再看看这个真实的故事。

哈佛爸爸康先生曾讲过有关他的两个孩子的故事，他的长子龙，天生智力超常，看东西过目不忘，7 年级时考 SAT，成绩已经超过大多数 12 年级的学生，高中时还荣获总统奖和西屋科学奖等，顺利被哈佛录取。之后又到斯坦福进修 MBA，是《时代儿童杂志》最早的主编之一。后来又凭超人的创意、沟通和组织能力成为微软公司前总裁比尔·盖茨先生的对外交流经理，盖茨先生幽默又深刻的退休短片就是龙一手策划的。

康先生的次子佩天生只有一个心室、一个心房，当年出生时医生曾解释说，类似的婴儿大多活不过两岁。佩不光身体健康受限制，还经常心绞痛，而且有严重的学习障碍，简单的数学概念无论怎样反复讲解都存在理解困难，还不喜欢和生人打交道。佩在小学时，妈妈每晚花很多时间帮他把作业修改整齐，但和他在课堂上的表现大相径庭。

康先生摒弃传统的教育模式，坚持家庭作业能做多少算多少，学会一点总比妈妈帮着写完但一点也不理解强。康先生读遍佩的每一本课本，陪他一起学习，同时接受特殊教育服务，完成了高中。康先生发现佩热爱写作，虽然文法等常出错误，但想象力丰富，就鼓励他多写作。

36 年过去了，佩已经出版了 9 本书，每天笔耕不辍，找到了自己独特的生活道路。康先生一再说养育佩的过程教会他很多，相信如果像佩这样先天发育不全的孩子都能生活得这样快乐，那其他孩子如果不快乐、不成功，肯定都是后天造成的。

康先生观察到，欧洲裔孩子很多科目的学习成绩平平，但只要有一项突出，他们的父母就会加强化那个科目的培养，孩子则自信满满。但亚洲裔的传统教育方式常常背道而驰，比如他的侄女，能歌善舞，写作、画画都很优秀，但数学不好，她的父母就把她课后 80% 以上的精力花在补习数学上，结果孩子不但数学依旧不见起色，还对学习失去了信心。

是的，独特的能力就像火苗一样，可以点燃其他的方面。一个孩子发现自己的独特能力，他做起事情来就毫不费劲，而且非常享受。在做自己擅长的事情时，他会感到喜悦、平和、快乐、爱，那种美妙的感觉会激发他去成长。当他自己想要自我完善、自我成长的时候，学习就变得很简单。

五、行为对学习动力的影响（比孩子成绩更重要的是……）

孩子考试成绩好，家长就拼命奖励，甚至承诺孩子说“这次考了好成绩，你要啥都行”，成绩不好就惩罚，甚至说“你要是这次没考好，就取消零花钱”，甚至动粗、打人或者强迫孩子学习……

20 世纪 70 年代有三个著名的教育实验。今天分享的第一个实验是 1973 年由马克·勒珀主持的，实验内容是安排学龄前儿童画画，共把孩子分成三组。第一组事先告诉孩子们，画好后有奖励，实验者拿出一张漂亮的“好孩子奖励”卡片，卡片上面有金色的星星和红色的缎带。问孩子们是不是想要“好孩子奖励”卡片的时候，所有孩子都想要。第二组的孩子们画画，事先没说，等画好后，也奖励了“好孩子奖励”的卡片。第三组只告诉孩子们要画画，画完后没有给任何奖励。当试验者第二次让孩子们画画时，试验者没提奖励，结果只有第三组在画。

实验告诉我们，从事一个学习活动就获得奖励的安排会产生另一个结果：一旦没有奖励，就会产生负面影响，创造性和主动性、学习的质量、学习的效率都会下降。

分数是结果，父母应该减少对孩子的分数的奖励与惩罚。父母应该关注孩子学习的过程，孩子是否愿意主动思考？是否愿意积极回答问题？是否愿意阅读？是否有好奇心？是否有坚持的精神？对这些方面，父母应该给予口头夸奖，尽量避免物质奖励。

正确对待孩子的分数

分数只代表了孩子在某一时期对知识的掌握情况，考题的难易程度、考试的范围很大程度上决定着考试成绩。而且考试的时候也有临场发挥，发挥得好成绩就好。我们要看到，所有的测量都是有局限的，尤其是学校的科目测试。

美国教育家、心理学家霍华德·加德纳认为，传统的智力测验和学校的教学往往只注重语言和逻辑数学方面的智力，实际上，智力的范畴并不应该如此局限。

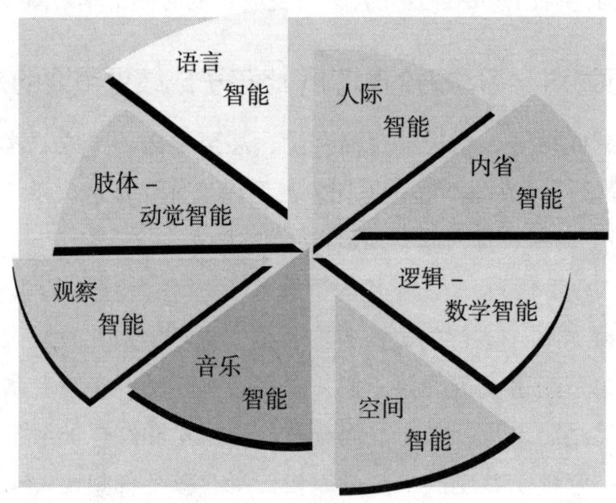

加德纳教授在 1983 年提出了“多元智力理论”。该理论认为，智力应该是多元的，在语言和逻辑数学方面的智力只是智力的一部分，还有另外六种智力：音乐智力、空间智力、身体运动智力、内省智力、人际关系智力和自然智力。

有些孩子可能在音乐和动觉方面得分高，另一些则可能在其他领域得分较高。但我们的教育都是按照语言和逻辑数学智力来设计的，那些在音乐和动觉方面得分高的孩子不仅没有优势，还可能被贴上“学习障碍”的标签。

利用好方法带来学习动力

传统的学习过程中，更多的是增加学习时间和死记硬背的内容。背诵课文的时候是一遍一遍地去背，背不完，我们就增加背诵时间。这种学习方法非常枯燥。大人都受不了，何况小孩子呢!

在我们的“快乐高效学习营”中，我们在学习中加入了好玩的、有趣的、夸张的、竞赛的、挑战的内容和场景。孩子便学得更起劲，比如记单词，把英文单词 s 想象成一条游动的小蛇，把 h 想象成一把椅子，一个单词可以被编成一个有趣好玩的故事，孩子将体会到，学习是如此有趣。越是有趣，下次他就越愿意做它，如此循环，就形成了兴趣，有了兴趣，你还怕学习成绩不好吗？

你越放松，孩子就越能考出好成绩

比成绩重要的是，家长要关注孩子是否愿意思考、是否主动积极、是否有好奇心、回答问题是否积极，更重要的是千万别让孩子感觉到成绩不好等同于自己不好、自己很笨。虽然很多人考上了名牌大学，但毕业后一事无成的人也不少；很多人没上名牌大学，但毕业后成功的人也很多。

英国首相丘吉尔，在小学的时候，是学校最顽皮、最贪吃、成绩最差的学生之一，因此经常遭到老师的体罚，后来不得不转学。

作家林清玄说，自己考大学，第一年没考上，第二年也没考上，第三年终于考上了，大学录取分数是 361，自己考了 361.5，回到家后，自己用红纸写上“恭祝林清玄金榜题名”贴在大门上。上了大学，他琢磨谁是考 361 分的幸运儿，一番调查后，发现是张毅，后来他成为世界五百强企业“琉璃工房”公司的老板。

请各位父母想一下，你小时候得过多少次 100 分，你是全班第一名吗？分数不能代表什么，所以不要苛求孩子得 100 分。孩子这次考了倒数第一，我们鼓励他考倒数第二；孩子这次考了 20 分，我们鼓励他下次考 30 分，学习是人一辈子的事情。你越放松，孩子反而越能发挥出他的潜能，考出好成绩。

六、环境对学习动力的影响（创建一个学习型的家庭环境）

先分享一个小故事。

有一对父母每天一边要打着麻将，一边憧憬着自己的儿女以后赚大钱了，供养着自己，从此过上衣食无忧的生活。他们还特意去征求大师的指点。

大师问：“听过笨鸟先飞的故事吗？”

他们恍然大悟:“听过呀,我家孩子的天分确实不是太高,所以我只有逼他再逼他,最后他就飞起来了。”

大师一笑:“这世界上有三种笨鸟,一种先飞,获得成功;一种不飞,随遇而安。”

“那还有一种呢?”

“还有一种鸟,既不想受累去飞,却又想成功,只好生了个蛋,然后天天逼着后代去飞。”

从这个故事中你是不是也看到了现实生活中很多家长的影子?

还记得《爸爸去哪儿》的电视节目里黄磊和他的女儿多多吗?多多满满的书卷气息,除了得益于她的教育条件,更多的是来自父母的言传身教。黄磊和妻子孙莉都是喜静的人,最喜在家中喝老茶、看闲书,在这样的氛围下,阅读就成了自然而然的习惯。多多是个书不离手的孩子,在上床睡觉前、在飞机上,都要抱着一本书看。俗话说:“龙生龙,凤生凤,老鼠的孩子会打洞。”人是环境的产物,多多正是受父母的熏陶,才如此喜爱读书。

德国著名哲学家雅思贝尔斯曾说过,教育的本质就是一棵树摇动另一棵树、一朵云推动另一朵云、一个灵魂召唤另一个灵魂。父母是孩子的榜样,父母要多读书,跟孩子一起在家中举办读书竞赛活动。父母也可以参加一些成人学习班,真正做到“活到老,学到老”。孩子生长在一种充满学习氛围的环境中,便容易萌生出一种自发学习的需要。

理解层次的关系和相互作用

环境、行为和能力三个较低层次,处于大脑的意识区域,父母日常与孩子沟通的绝大部分内容属于这个层次;信念 / 价值观、身份和系统三个层次,属于潜意识区域,不易被觉察,然而这三个层次是前述三个层次的潜在选择和驱动因素,是影响孩子能力发挥和行为表现的根本。通俗点说,上三层决定下三层。

很多父母现在让孩子提高学习成绩,主要是在下三层做工作。例如在环境层面,花大价钱使孩子上最好的学校;在行为层面,陪读、强迫孩子学习；在能力层面，给孩子报大量的补习班……家长感觉自己为孩子付出了很多，其实是在环境、行为、能力层面付出较多，孩子也付出了很多，可成绩还是不理想。父母在教育孩子上费了很大的劲、花了很多的人力和财力，并且付出了大量的行动，却没有得到想要的效果，这便是事倍功半，甚至事倍功没。

这是为什么？如何变成事半功倍的教育？

因为孩子在信念、价值观和身份以及系统的认同上，与以上付出完全相反。例如孩子觉得读书只是为了谋一份工作，看到身边不读书的人工作也还不错，便觉得读书用处不大。学习非常无趣、枯燥，做一个偷懒、顽皮的人挺好的……当孩子认同了这样的信念、价值观和身份，就算父母天天监督着，由他的信念和价值观所引导出来的行为和表现也是拙劣的，这便是孩子不努力学习的真正原因之所在。

6 个层次协调一致，孩子的内在驱动力便上来

就孩子的学习而言，如果能将 6 个层次的每一层次都协调一致，孩子便会身心一致、全力以赴、开心快乐地学习，从而取得好的结果。反之，假如学习成绩不理想，拖拉懒散，不认真不积极、出现抗拒或负面情绪，一定是六个层次中有不协调的情况出现。

今天，理解层次让我们认识到孩子学习背后的真正原因，便可以“治本”的态度去处理它。父母在孩子学习上把这六个层次贯通，在各个层次上指导、支持、帮助孩子。一旦启动这个性能良好的理解层次系统，便为孩子打造了一个不会停歇的良性循环，这种循环不断强化，就会产生你在各个领域见到的高手身上的特质——积极进取的精神、旺盛的求知欲、高超的能力以及惊人的内在驱动力。

引领故事：我会成为像牛顿一样了不起的科学家

一年级的时候，我问儿子：“你的理想是什么？”儿子说：“我希望成为科学家。”于是，我们有了一次按照逻辑层次的对话。

我问：“希望成为什么样的科学家？”

他说:“希望成为像牛顿一样伟大的科学家。”

我问:“成为科学家,你会变成一个什么样的人?”

他说:“我会变成一个推动社会进步的人。”

我问:“当科学家对你为什么重要?”

他说:“科学家会发明很多东西,我喜欢发明。”

我问:“你想发明什么?”

他说:“我现在最想发明机器人。”

我问:“你是希望通过发明给人的生活带去便利,同时让自己成为一个对社会有用的人才,是吗?”

他说:“是的。”

我问:“当发明家你知道需要些什么要求吗?”

他说:“不知道。”

我说:“当发明家就要学好各个学科,比如发明家需要学好语文,想象一下,出了成果是不是要写文章对外公表,语言的组织能力来源于语文;数学也要好,因为发明肯定会用到很多计算公式;英语也要好,现在尖端技术都在国外,如果看不懂英文,就相当于少了个脑袋,最新、最前沿的技术情况你不能第一时间知道,这会有很大的损失。”

他说:“嗯,明白。”

我说:“学习上,有两种方式,一种是你在课堂上掌握所有的知识,还有一种是课后再去上补习班,你愿意选哪种?”

他说:“选第一种,我不想补课。”

我问:“那你在学校里是不是应该认真听讲,吸收和理解老师所讲的内容呢?还是听课时做各种小动作让你学习退步?”

他说:“我得注意听讲。”

我问:“你看妈妈都三十多岁了,还在看书学习,毛泽东说‘青少年时期的阅读奠定人一生的基础’,你是不是需要大量读书?为你的科学家的梦想多读书?”

他说:“是的。”

然后我说："儿子，闭上你的眼睛，请你想象一下，三十年后，你三十多岁了，穿着帅气的黑色西服，打着领带，一米八零的大高个儿，主持人介绍你的成就后，你走上那个象征荣誉的诺贝尔奖台，领取你的科学技术奖时，你要面对全世界的人发言，你能用流利的中英文向全世界介绍你的产品、介绍我们中国，你知道吗？那一刻全世界都为你鼓掌。你是中国的骄傲，是妈妈的骄傲。我就坐在第一排，拼命地为你喝彩、鼓掌。"

最后，我把这幅画面用 NLP 的另一种方法放在他的脑海中，过一段时间，我会不经意地给他重温这样美好的画面。

第 13 章

引领孩子走向感恩而非自私

感恩是我们与生俱来的一种特质，是一种传统美德，是人的一种良知，是一个人必备的一种优良品质。中国的感恩文化源远流长，“滴水之恩，当涌泉相报”、“知恩不报非君子”、“投之以桃，报之以李”等古训更是代代相传。如华勒思·华特斯（新时代的思想家）所说：“如果不知感恩，你能行驶的力量非常有限，因为让你与力量连接的，正是感恩。”

但是有朋友对我说：“生活中最伤人的是，有一些长期相处的朋友，十件事你为他做好了九件，只要有一件不如他的意，他就不记得你对他的好，只记得不如意的地方，就翻脸。”我也经常听到父母抱怨“现在的人很坏，千万别相信人”、“现在的社会竞争很激烈，我们一定要赢过别人”、“上个学搞得这么复杂，这个社会真黑暗”、“挣钱越来越难，老板真不是个东西”、“公婆也指不上他们帮忙，对咱家也一般”等很多诸如此类的话。

我们自己是否就是那样的人呢？我们自己是否对一切充满感恩呢？我们是否从心底里觉得需要感恩呢？

无论什么时候，对孩子进行品格教育，父母在生活里的示范是最好的方法。比如节俭，有一位节俭的父母，不用教导孩子节俭，耳濡目染，孩子便学会了节俭，感恩也是如此。用嘴巴教的道理，孩子很难学到，而用心去做的事情，便能进入孩子的内心，言传身教，永远是最好的教育。

爱因斯坦曾经说过：“我每天都会提醒自己一百次，我的内在和外在生活都是仰赖于他人——无论活着或已经去世——努力的成果。所以，我必须竭尽全力，希望能以同等的贡献回报我从过去到现在自他人身上所获得的一切。”爱因斯坦是有史以来最伟大的科学家之一，连他都会感谢别人给予他的一切，一天感谢一百次，请问，我们每天说“感谢”的时候有几次呢？

走形式更要走心

近些年感恩教育被炒得火热，给爸妈写感谢信、在操场上为自己的父母洗脚、给爷爷和奶奶读书、看感恩电影等活动层出不穷。我们每个人都在讲要感恩，可是我们发现，在做这些活动的时候，孩子的感恩之心并没有被培养出来。很多媒体和父母都在说："现在的孩子很自私，没有感恩之心。"这到底是为什么呢？因为这些都是形式上的教育，而感恩是打心里出来的，更需要走心的教育。

感恩来源于心而非头脑。缺乏感恩之心，是因为我们从内心里觉得自己很厉害，什么都是自己在做，看不到别人的贡献，看不到生活的馈赠，看不到生命本身的伟大和神圣，觉得拥有一切都很正常，从而变得自大、自私、自负，可真相却如下所述。

很多人都在贡献于我们

2017 年的一天，我们去坐邮轮，邮轮上有近千名员工为我们服务，每天早上 7 点不到就有好吃的自助餐，晚上还有精彩的节目表演，有各种娱乐设施供我们消遣。乘坐飞机的时候，有上百人为这架机器服务，有安检人员、维修人员、司机、装行李的、装食物的……试想一下，如果没有人提供服务，我们怎么可能花钱就坐飞机或坐邮轮？我们怎么可能到处去旅行，生活得如此多姿多彩？我们怎么可能很快地从一个地方到另一个地方，生活得如此便捷？

我们的生活仰赖于那么多的人事物，如果没有这些人的贡献，我们一个人能做成的事情是很有限的。

我们身边生活着其他人，并与我们息息相关。中国有句俗话：高人指路，贵人相助，小人激励，个人奋斗。人总是与其他人相互依存的，一个人很难生存下去。我时常会向孩子提问："如果这个世上只有你一个人，你还能生活吗？没有人提供衣服，你要怎么办？没有警察，世界会是什么样子？没有男人，会怎么样？没有女人，会怎么样？"让他去思索、去发现，你会看到我们依赖于那么多的人事物，那么多人都贡献于我们。如果一个人能够看到别人的贡献，他的良知将促使他去感恩。

自然一直在馈赠于我们

我们把自然的馈赠当成理所当然，因为千百年来就是这样的。古话说："天以万物以育人，人无一物以报天。"古人知道天地的馈赠，感恩天地的赐予。没有大自然提供食物，人类便没法生存。没有大自然赐予的美景，世界该多么单调。春天有各种各样漂亮的花朵、夏天有好吃的果实、秋天有好看的红叶、冬天有白雪以及各种不同的动物，呈现在我们面前供我们欣赏，我们对这些东西习以为常，没有感觉到它们的美好。如果哪一天，世界全部变成海洋，你会不会觉得现在的一切是如此美好?

我以前很讨厌冬天，因为冬天太冷，手会生冻疮，特疼。而且要穿着厚厚的羽绒服，活动起来很不方便。可是自从我2016年去了印度，发现印度没有冬天，全是夏天，所以我很感恩上天把我生在一个有四季的国度，能够欣赏冬天的白雪，可以滑冰、可以滑雪、可以堆雪人、可以打雪仗。

大自然一直在馈赠人类，你看到自然的恩惠了吗? 生活也总是在想着馈赠你，你看到了吗? 放慢匆忙的脚步，静心去感受生活，你便会感觉到，生活不是要给你痛苦，生活一直在试图馈赠于你，你便会敬畏自然、敬畏生命，心中将涌现出巨大的感恩。

生命一直在馈赠于我们

2017年10月17日，我们一家去天津海昌极地海洋馆玩。我们先去了海洋探秘馆，孩子们在时空隧道中感受灯光变化的神奇，虽然是模拟时空隧道，可我还是第一次这样接触时空隧道，觉得很惊喜，我在想："不知道的东西太多了，没有体验的东西太多了，世界真是太奇妙了，生活太美好，有太多的东西等着我们去发现。"

体验过时空隧道后，我们来到鲸鱼馆，看见有几个人正在跟鲸鱼玩耍，我们都很兴奋，于是也学着跟鲸鱼打招呼。当我们招手时，鲸鱼就点头；当我们吐泡泡时，鲸鱼就吐泡泡；当我们用手绕圈时，鲸鱼也绕圈游泳。

后来回家的路上，我对儿子说："今天我们又得到了一份意想不到的奖赏，那就是与鲸鱼的互动，不是吗?"儿子说："嗯，鲸鱼太有意思了，以前我没发现。”我说：“我们永远不知道接下来会出现什么，生活总是想着馈赠于我们，谁知道下次会出现怎样的奇迹？”

生命本身就是一份价值连城的礼物，这份礼物我们现在都拥有，请从今天开始，感恩自己还活着，而且活得很好。但是有些人觉得活着很正常，这有什么值得感恩的？我们每个人生下来，就向坟墓走。生命无常，难道你不觉得你活着的每一天其实都是赚到的吗？我的一个好朋友，年仅38岁，2017年5月13日还在发微信朋友圈，可是到5月17日就听到他因心脏病突发而去世的消息。我们很多人都不敢相信，直到看到他单位发出来的讣告，我们才知道这一切都是真的。当看着那么年轻的生命离我们远去，而且是我们特别熟悉的人的时候，我的内心油然而生一种感恩的心情，感恩我自己还健康地活着，我还在呼吸着，我还可以吃如此美味的食物、闻花香、看电影等，可以每天去做各种各样的事情，和亲人在一起开心地生活。

哪怕生活中出现了很多的不如意、痛苦、贫穷、疾病，只要我们的生命尚存，我们就值得感恩，不是吗？弘一法师在最后的遗言中所写的“悲欣交集”，旨在提醒世人，生活中总是有悲伤和欢乐，每个人的生命都是这样。之所以你没有感到活着是上天的恩赐，是最好的礼物，那是因为你没有失去生命。

在贝尔写的《本能》一书中，有一段这样的话：在到达珠峰约海拔28000英尺（约8500米）的地方，米克的氧气用尽了。他几乎没有力气移动，在那个高度，在极度疲惫的极限，米克的身体开始向下滑落，沿着冰面翻滚。他觉得自己要死了。

奇迹是，他落在了一小块岩石边缘，最终被其他两名攀登者发现并救了起来，而其他四名攀登者就没有那么幸运，其中两人死于寒冷，另两人掉进了悬崖。几天后，当贝尔和米克在二号营地重逢的时候，贝尔发现米克就像变了一个人，变得谦卑，充满对生命的感恩。

一天早上陪送儿子上学，儿子对我说：“妈妈，你看我们每天都在遭遇危险，马路上的汽车随时可以撞上你，家里的电也可能夺去我们的生命。我们能活得很好，真是生命的奇迹。”

我说:“是的，活着就是奇迹，感恩上苍让我们活得如此健康。”

我现在每天清早醒来，不急于起床，我会躺在床上，花一分钟的时间，感恩自己还能醒来、呼吸、四肢健全、行动自如。当我这样做的时候，我的内心变得丰富和感恩了。

在日常生活中，我们很难理解自己得到的其实远比付出的多，也很难理解唯有通过感恩，人生才会变得富足。

——迪特里希·潘霍华（路德教派牧师）

感恩的重点在于改变看待事物的角度

哲学家叔本华说:“人往往总是把重心放在那些自己没有的东西上，而很少考虑自己已经拥有的，这种想法实在比战争还可怕。”

感恩教育不在于喊口号、不在于道德灌输、不在于管教和强制要求，而在于改变我们看待事物的角度。我们的眼光总是聚集于失去，失去便觉得不公平、痛苦、怨恨，看不到我们得到的比失去的多得多，从生下来，我们一直在得到，首先得到生命、得到父母的爱、得到食物、得到老师的教诲、得到友谊、得到教训、得到工作、得到金钱、得到孩子、得到美景、得到心灵的成长、得到名利和地位、得到爱人等，生活一直在馈赠于我们。而我们又是万物之灵，相较于其他生物，人是一种非凡而美好的存在，是宇宙的一部分。如果你和孩子真的能看到，我们一直在得到，而且得到了太多太多，我们心中怎能不充满无尽的感恩。生命如此珍贵，我们活着，没有理由不感恩自己；那么多人在给我们做贡献，没理由不去感恩他人。

当心中升起巨大的感恩，你将会发现，生命中美好的事物都成倍地来到你的身边，你将会拥有美好的亲密关系、亲子关系、人际关系等，你将活在珍贵的爱中、活在人间天堂中。

引领故事：感恩生命的痛苦

前几年，我的婚姻也亮起过红灯。我一直认为我的婚姻是经得起考验的，我和老公是同学，刚来北京的时候很艰苦，北漂一族的窘境我们都遭遇过，后来经过几年的努力，没有大成就，有了一点小成就，在生活变得很好的境况下，婚姻面临解体。那时候，真的觉得度日如年，心里很是煎熬。

这样的日子持续了一个月，我的一个朋友说："去合一上课吧，咱们一起。"我想都没想就答应了。

来到合一，在做一个练习时，老师说："无论你认为的好事还是坏事，或者好人坏人，都是来贡献于你的。"我对老师说的不以为然，但既然是大师，我便觉得应该是对的。然后老师让我们进入冥想阶段……

我突然看到小时候，爸爸和妈妈吵架后，他们两个人冷战，妈妈做好饭，就让我去喊爸爸来吃饭，通常这个时候，爸爸是不理我的。喊过几次，我内心就会有一个声音出现："爸爸不爱我，我不值得被爱。"那一刻，我泪流满面，我看到在我的身上写满了"我不值得被爱，我不值得被爱"。我的全身都写着这几个字，我突然意识到："我自己都认为自己不值得被爱，怎么可能让别人更好地爱我呢？"

回来后，跟儿子说起这件事，因为那时候我们吵架，儿子也是知道的，我对儿子说："儿子，妈妈现在才深刻体会到，每个人都是来贡献于我们的。有些人对我们好，是白天使，让我们享受爱，正如妈妈对你；有些人对我们不好，是黑天使，正如这件事情中爸爸对妈妈。可是你知道吗，儿子，正是因为这件事，让妈妈意识到，学习成长太重要了。妈妈现在感恩这件事情的出现，如果这件事情不出现，妈妈可能还停留在以前的烦躁、混乱、焦虑的状态中，因为这份痛苦，才让我痛彻心扉地去学习成长。今天的妈妈，每天都活在喜悦与和平中，变成我一直想要的从容、淡定、优雅的样子。你喜欢现在的妈妈吗？"

儿子说："我喜欢。"

我又说:“给你痛苦的人,其实是为了让我们去学习和成长,去发现一个更好的自己。现在,我很感恩你爸爸,他是我的黑天使,他用他的坏行为让我觉醒。”

儿子说:“妈妈,我好爱你。”

我说:“我真的深深体会到:每个人都是来贡献于我们的,有人贡献积极的,有人贡献消极的。只是受苦后,别白受,我们一定要去问:这件痛苦的事情,背后想带给我什么样的正面、积极的意义?”

儿子说:“是的,我通过一年级刚上学的事情,现在看到,就是为了修炼我内心的强大。”

作业

每天对3个人或3件事说感谢,说出感谢的理由,当你这样做时,请感受你全身充满的感恩之情,持续一个月。

练习

慈悲练习

第一步:将注意力放在某个人身上,重复地告诉自己:和我一样,他(她)正在寻找生命的幸福;

第二步:将注意力放在他(她)身上,重复地告诉自己:和我一样,他(她)正在试图免除生命的折磨;

第三步:将注意力放在他(她)身上,重复地告诉自己:和我一样,他(她)已经明白生命中的忧伤、孤寂与绝望;

第四步:将注意力放在他(她)身上,重复地告诉自己:和我一样,他(她)正在寻求需要的满足;

第五步:将注意力放在他(她)身上,重复地告诉自己:和我一样,他(她)正在学着了解生命。

第四部分
成长路上不可或缺的阳光雨露
——育子成才的三大影响因素

植物的生长需要阳光雨露的滋润，否则没法生长。孩子的成长，同样需要阳光雨露的滋润。父母的爱像光，父母的情绪平和似甘露，父母对自己角色的定位会极大地影响孩子的健康成长。

家长行动宣言

愿我的爱像阳光一样照耀着你，驱散掉心中的恐惧。

从今天开始，关注孩子身心灵的整体成长，改变过去只关注行为的局限眼光！

我将牢记：你在前，我在后，我要站对正确的位置，不再越俎代疱。

情绪即能量，改变人生就是改变能量！

让我们一起选择活在高能量状态，能量提升，一切 OK！

第 14 章

你给到孩子的是爱还是恐惧？

下面这些话，你是否经常听过：

“别跑，你会摔着的，会摔伤的”；

“不好好读书，将来没出息”；

“快叫叔叔，要有礼貌，不礼貌没人会喜欢你”；

“现在社会这么残酷，出来挣不到钱，你可怎么生活”；

“成绩这么差，高中都读不了，打工都没人要你”；

“考试得 100 分，你要啥都可以”；

“别看这些无用的课外书了，快去做作业”；

“这事都做不好，真是的”；

“你要是再这样，我就不喜欢你了”；

“你不好好吃饭，我下次不给你做了”；

“这次必须得 100 分，否则旅游取消”；

“我为你操碎了心，你怎么还这么不争气，下次再这样，我不爱你了。”

……

现在，请你换位思考一下，当你听到这些话的时候，你的内心会产生什么样的感受？是信心满满了吗？是充满力量和喜悦了吗？是想马上去行动、去实现你的理想吗？是产生美好、幸福的感觉了吗？其实这是基于恐惧的教育方式，是伪装的爱。

每个父母都在竭尽所能地爱孩子，可是我们真的会爱吗？不一定。上面说的这些话看似在关爱孩子，其实是让孩子处于恐惧中，这种基于恐惧的爱统治着你对爱的经验，我们大多数人，把“怕”当成了“爱”，看似在爱，实则在担心。我们有太多自以为是“爱”的东西，表现出来的形式是占有、控制、有条件、威胁、利诱、恐吓。你是我的孩子，你属于我，为了展现我对你的爱，我要确保没有人伤害你，我要确保你将来有出息。为了不伤害你，我要限制你的活动，我要告诉你怎么做。为了确保你有出息，我要让你按照我想要达成的结果去行动。这个就是我们的爱的方式，我们如此地爱着我们的孩子，即使孩子已经成年了，我们还要告诉他们能做什么、不能做什么。那么，怎么爱才是真正的爱呢？

真爱让人改变

恐惧和爱是两极，人类的行为驱动要么出于恐惧，要么出于爱。真正的爱是无限的、永恒的、自由的、无条件的。

> 曾经看过一部电影，是根据真人真事改编的，片名叫《弱点》。片中有一个场景，因为在选择去上密西西比大学的事情上，迈克尔误会了继母，愤怒地离家出走。他本想去找自己的亲生母亲，但亲生母亲已经搬离了以前住的地方。无奈之下，他给继母打电话，继母开车找到他后，没有批评、指责，没有愤怒、抱怨，两个人坐在凳子上温和地对话，这个场景到今天都让我记忆犹新。迈克问："如果我去扫垃圾，你觉得可以吗？"继母说："每个人有每个人的路，如果那是你的选择，我也支持你。"

继母对迈克尔便是基于爱的教育方式，我支持你获得你想要的结果，而不是我想要你去得到的结果（上密西西比大学）。不管你是什么身份，也不管你是什么职务，孩子需要面包时，你给的不是金子；孩子需要同情时，你给的不是零食，那么你就真正理解了什么叫爱。父母常常会犯一个愚蠢的错误，那就是喜欢硬塞给孩子一些他们并不想要的东西。这种做法非但不会让孩子体会到爱，反而会让孩子觉得处处受限，失去自由，让孩子心中充满敌意。

真爱如同太阳，只管发出光和热，无私地照耀每一种生物，允许所有动植物以自己的节奏成长，不会因为高矮、美丑、名贵与否而有选择性地照耀。我常常对孩子说："你可以去做你想做的所有事情，无论你优秀、成功与否，我都爱你，只因你是我的孩子。"

真爱让人改变

这件事发生在一个法国家庭。一天，孩子放学后，在客厅里玩篮球，忽然，篮球打落书架上的一个花瓶，“咚”的一声，花瓶重重地摔在地板上，瓶口摔掉一大块。这不是摆饰品，而是祖上传下来的波旁王朝时期的古董。孩子慌忙把碎片用胶水粘起来，然后胆战心惊地放回原位。

当天晚上，母亲发现花瓶有些“变化”。吃晚餐时，她问孩子：“是不是你打碎了花瓶？”

孩子灵机一动，说：“一只野猫从窗外跳进来，怎么也赶不走，它在客厅里上蹿下跳，最后碰倒了架子上的花瓶。”母亲很清楚，孩子在撒谎，每天上班前，她把窗户一扇扇关好，下班回来再打开。母亲不动声色地说：“是我疏忽了，没有关好窗户。”

就寝前，孩子在床上发现了一张便条，母亲让他马上到书房去。

看到孩子忐忑不安地推门进来，母亲从抽屉里拿出一个盒子，把其中一块巧克力递给孩子：“这块巧克力奖给你，因为你运用神奇的想象力，杜撰出一只会开窗户的猫，以后，你一定可以写出精彩的侦探小说。”

接着，她又在孩子手里放了一块巧克力：“这块巧克力奖给你。因为你有杰出的修复能力，虽然用的是胶水，但是，裂缝黏合得几乎完美无缺。不过，这是修复纸质物品的，修复花瓶不仅需要黏结力更强的胶水，而且需要更高的专业技术。明天，我们把花瓶拿到艺术家那里，看看他们是怎样使一件艺术品完好如初的。”

母亲又拿起第三块巧克力，说：“最后一块巧克力，代表我对你深深的歉意，作为母亲，我不应该把花瓶放在容易摔落的地方，尤其是家里有一个热衷体育的男孩子。希望你没有被砸到或者吓到。”

“妈妈，我……”

以后，孩子再也没有撒过一次谎，每当他想撒谎时，三块巧克力就会浮现在眼前。

这位母亲没有去指责、批评、威胁、打骂孩子，而是用真正的爱去唤醒孩子，让孩子感受到自己的行为过失。前面我们讲过能量，每一个行为的改变都需要力量的支持。爱处于500以上的高能量层级，提供能源和动力，让人有力量去改正不好的行为。而如果我们用指责、批评、打骂、恐吓的方式，只会让孩子陷入低能量，让孩子感到内疚和羞愧，内疚和羞愧让人失去动力，产生压力和抗拒，从而没有力量去改正当下的行为。

上面是发生在外国的一个案例，再来分享一个发生在我家的事情。有一天早晨，4岁的小闺女起床后，没有去厨房吃早餐，一个人躺在沙发上，撅着小嘴。这时候，奶奶从卧室里走到客厅，看见她生气，于是说："你要是老生气，你妈妈以后就不管你了！"这就是太多父母经常说的话，爱里带着威胁和恐吓。奶奶说完后，她还是躺在沙发上，一动也不动。我吃完早餐，来到客厅，看见小闺女的泪水都快下来了，马上就该大哭了。于是，我把她抱起来，对她说："妈妈爱你，永远爱你。"并且一个劲地亲吻她。她马上破涕为笑，说："妈妈，抱我去吃早餐。"其实，让孩子改变，最好的方式是给予爱，这样，孩子是从内心里真正持久地改变。否则，孩子基于恐惧而改变，更多的时候只是服从，而且是口服心不服。

我把这种教育方式称为"基于爱的教育"。

两种教育方式如下表所示。

	基于爱的教育	基于恐惧的教育
关注点	孩子身心灵整体成长	行为改变
行为	全然地爱	恐吓、威胁、利诱、冷漠
属性	无限、自由、无条件、永恒	有限、限制、有条件、可撤回
方法	共同分担	奖励和惩罚
结果	获取你想得到的东西	我想要你得到的东西

"基于恐惧的教育方式"的危害

很多父母以为对孩子最好的教育，就是让他们充分认识到、感受到这个世界如此危险、残酷和竞争激烈，以便让孩子奋发图强，准备打一场残酷、艰辛的生活战争。孩子会承接养育者对这个世界的感觉，例如惶恐、不安、焦虑、没有安全感、充满对抗、好胜、不相信任何人、反叛……

量子物理学有个很经典的发现："被观察的对象会被观察者影响。"对应的亲子关系的心理学语言是:“孩子都是父母的镜子。”孩子确实会按照养育者所观察到的样子发展，包括也会朝着养育者担心的样子发展。因为担心本身就是一种假设，所有的假设都代表一种立场，也是一种观察视角。

心理学上有一个例子。有一位母亲，她的弟弟经常酗酒，这位母亲非常害怕她的孩子以后会跟她的弟弟一样，所以她总对孩子讲：你不能跟你舅舅一样喝酒。她时时刻刻提醒孩子，孩子感到非常压抑。有一天孩子终于喝酒了。他想，我一喝酒，我妈妈大概就安心了。大家都知道作用力与反作用力，恐惧教育就是反作用力。

后果 1：把焦虑传递给了孩子

当我们在恐惧中教育孩子的时候，恐惧就会伴随着焦虑传递给孩子，前面讲过三脑原理，恐惧会激活爬虫脑，爬虫脑感到恐惧时，便会做出逃跑或战斗的指示。这样导致孩子在生活面前，要么沉默，要么战斗。他们的大脑高度焦虑，从而变得神经质，对他人漠不关心，对社会也不关心，这些人很少成功。研究表明，无法辨别焦虑和饥饿的女孩儿更容易患饮食失调症，男孩儿更容易有暴力倾向，更容易吸毒、酗酒。

我就是在恐惧教育下长大的孩子，父母总是吵架或打架，甚至相互威胁。我变得小心翼翼，变得很乖巧，很害怕做错事，每天都会胆战心惊，不知道他们哪天又会吵架。我只有发奋学习，不敢有一丝马虎。每次考试我都患得患失，生怕没考好。成长过程中，我总担心竞争不过别人，心里很自卑，在外面却处处争强好胜。而且我从小经常听妈妈唠叨，“你长大了，赚不到钱可怎么办”；“你要是不听话，我就不喜欢你了”；“要不是为了你，我早就和你爸离婚了”；“要是没有你，我都想跳河自尽或喝药水死了算了”……听着这些话语，我内心就觉得生命都是灰色的，一点意义都没有，曾有好多次想自杀，可又怕疼才活了下来。我一直吃很多食物，身体偏胖，自己对自己的身体也很不满意，特别害怕别人不喜欢我，特别害怕花钱，怕钱花了就没了，总活在惊恐、焦虑、紧张中，以至于很多朋友看到我的时候，都觉得我身上透露出一种特别紧张、特别焦虑的感觉。我不停地忙碌，一天不工作我心中就会很烦躁，我只知道我要不断地、拼命地去奋斗，奋斗再奋斗，努力再努力，永远像钟表的发条，不停地上紧，一松就上紧。生活质量极低，情感关系也不顺，生活中感觉不到幸福，同时满脑子充斥着疑虑和不安，活得很累很难，经常企图脱离社会。

我经过这些年的成长以后，大部分的恐惧都已经消除了，我突然觉得好轻松。我一下子能够看见生活中的美好，看路边的野花、绿叶与野草都是那么美，一下子感觉到世界真是太美好了。更重要的是，当我放松了，我的智慧增长了，关系更顺畅了，更想活出生命的意义和价值，更想为教育的进步做出该尽的职责，更想去给予，更想去奉献，生命进入另一个高度。

后果 2：上瘾症

对食物上瘾、对化学药品上瘾、对酒精上瘾、对情绪上瘾、对网络上瘾、对游戏上瘾以及生病，这些上瘾通通都是一种伪装恐惧的方法，想逃避恐惧。如果一个孩子在真实的世界里，能够感受到强大的爱，他是不太容易上瘾的，因为爱能够让一个人得到极大的满足。当一个人处于恐惧的状态时，他就想逃离。在逃离的过程中，他需要去抓住一个能够让他感到满足的东西。如果这个时候孩子遇到的是游戏，那么他就会沉迷于游戏。如果一个人遇到的恰好是生病，而且生病能够得到父母的照顾，那么这个孩子可能就会选择生病，不断地用生病来获得父母的关注和爱。我们所有的上瘾，其实都是在逃避痛苦、追寻快乐。

后果 3：恐惧会淹没智慧

创造力在人感觉最放松、最安全的状态下才会最大限度的迸发。创造力是人才的本质。马云和库克都觉得，比起机器对人类的威胁，人类自己失去创造力更可怕。每个人的感受都是创造力的源泉，一旦失去与自己的感受的联结，创造力就消失了。

我们告诉孩子，这个社会很残酷，这个社会是适者生存，人们都很自私，社会也不安全，我们的动机没错，可是孩子接收到的就是恐惧，恐惧让人紧张、害怕、有压力，这样会损伤孩子的创造力，也会让孩子失去对他人的兴趣和对社会的兴趣。孩子变得不再相信别人，变得不再相信最亲的人，变得不再相信努力就有回报，变得不再相信善意会有善报，这种信任的缺失，最终伤害的是我们自己，我们也不相信自己。

> 恐惧可以摧毁任何东西，你的智慧、你的勇气和你的想象力。
>
> ——德国作家柯奈莉亚·冯克

不用恐惧，恐惧是幻象

我们为什么会感到恐惧呢？因为未来的不确定性。可是我们想象一下，假如未来一切都可预见，你能看到生命轨迹是怎么发展的，明天不会有任何意料之外的机遇，未来也没有什么可期盼的……生活还有乐趣可言吗？生活的乐趣主要来自不确定性，因为不确定性，我们活着才有盼头，才更愿意努力去奋斗，新的问题不断出现，并带来全新的合作和奉献的机会。不确定性不应该变成恐惧束缚我们，而应该让我们变得欢欣鼓舞、变得有力量。

我们真的没必要担心。想想看，人生最坏的结果是什么？要么失去金钱、财物，要么失去工作、权力，要么失去关系，要么失去健康，要么失去生命……这样看来，唯有失去生命是最坏的结果。既然这样，我们今天就拥有生命，真的是一件值得庆贺的事情。失去金钱，可以再赚；失去工作，可以自己创业；失去关系，可以再去建立；失去健康，可以创造奇迹……只要我们还拥有生命，一切奇迹都是可以创造的。

教育的核心能量是爱

爱是唯一答案

20 世纪 80 年代末，爱因斯坦的女儿将他父亲的一千多封信捐给希伯来大学。其中在他写给女儿莉塞尔的信中，有这样几段内容：

“有一种无穷无尽的能量源，迄今为止科学都没有对它找到一个合理的解释，这是一种生命力，包含并统领其他一切，甚至还没有被我们定义，这种生命力叫‘爱’。”

“为了让爱能够清晰可见，我用最著名的方程式做了个简单的替代法，如果不是 $E=mc^2$，我们接受治愈世界的能量可通过爱乘以光速的平方来获得，我们就得出一个结论：爱是最大的力量，因为爱没有限制。如果我们想要自己的物种得以存活，如果我们发现了生命的意义，如果我们想拯救这个世界和每一个居住在世界上的生灵，爱是唯一的答案。”

怎么区分“基于恐惧的教育”还是“基于爱的教育”呢？

当你教育孩子时，当你处在喜悦、淡定、从容、平和的状态中，也就是能量层级在200以上的感觉时，你便是在基于爱的教育中；当你处在愤怒、痛苦、委屈、怨恨、害怕、担心的状态中，也就是能量层级在200以下的感觉时，你便是在基于恐惧的教育中。

怎样将恐惧转化为爱呢？

从现在的每一刻开始都要进行觉察，关注你所看到的、听到的、嘴里说的甚至心里想的，觉知到你的每一个起心动念是基于恐惧还是基于爱。在从恐惧转化为爱的过程中，每当你发现经由你眼睛看到的是恐惧、耳朵听到的是恐惧、嘴里说出的是恐惧、心里想到的是恐惧，就把它放下，提醒自己：这是恐惧，恐惧是幻象。不断地去检验自己的所看、所听、所思、所想，即使有时候需要面对恐惧，那就请进入恐惧。恐惧是幻象，没有什么好怕的。真的没什么！当你释放掉恐惧后，你会感觉到爱在增强！

请记住，这个世界的真相就是爱，爱是这个世界上最伟大的力量，爱也是这个宇宙的真相，唯有爱能够让人改变。借用皮特·尼尔森的《圣诞节清单》一书中所表达的：“如果说学习如何给予爱、获得爱不是这个世界上最重要的事，那么我就不知道什么是重要的了！”

最后，我邀请你像我一样，带着无条件的、永恒的、无限的、自由的爱，去欣赏我们的孩子，你会看到孩子将成长得比现在更好。

只是爱

当你试图改变他人的时候
实际上你是在评判他没你好
其实
在宇宙当中

每个人都是完美的

事实上
每个人都不喜欢被别人改变
每个人只喜欢自我改变
因为自我改变是快乐的
被他人改变是痛苦的
追求快乐、逃离痛苦是人的本性

所以你对周围人最大的爱
就是活出自己、影响他人

当他人没有体验完他自己的游戏
他想体验一切的时候
他是不会被任何人改变的

所以请允许一切的发生
按照它本来的样子
所以请让他自我改变

你只需要改变你自己
快乐你自己

爱满自溢
让爱充满你
流经你而传递给别人
不求任何的回报

只是爱

可能对于生命
我们最大的功课
就是学会爱

引领故事：帮助别人即帮助自己

有一天，儿子说："妈妈，我在班上组了一个小团。"

我问："主要是用于什么呢？"

他说："一是用于帮助他们学习，这几个人成绩一般；二是用于喜剧表演。"

我说："那太好了，你的成绩很好，应该多带动成绩一般的孩子，贡献你的价值。"

儿子说："为什么你不反对？我跟奶奶说这事，奶奶说，班上的人都是跟你竞争的，你帮他们浪费时间不说，也没必要。"

我说："你能帮助别人证明你很有爱心，一个有爱心的人是多么值得称赞，如果别人帮助你，你心中有什么样的感受？"

他说："我当然很快乐。"

我说："一件事情，光靠你一个人做，和一件事情凝聚一群人一起做，哪个会更快、更好？"

他说："那肯定是一群人，去饭店吃饭，也不是老板一个人做。"

我说："嗯，你能凝聚这些人，这证明你有与人合作的能力，这个能力是比成绩更让我欣赏的，我为什么要反对呢？"

他说："明白了。"

我说："你听过一句话吗？叫'帮助别人即帮助自己'。你能去帮助他们，你必定会更用心地去学习，这样你才有东西教给别人，你说呢？"

他说："那倒是。"

我说："爱是越给越多，你给出去的是爱，收回的也是爱。去爱身边的同学们，让他们因为你的存在而受益，我永远支持你。"

儿子说："错的事情也支持？"

我说："当然。"

儿子说："为啥？"

我说："对与错只是咱们的判断，而且只是当下的判断，放在生命的长河中，怎么去判断？就像当初在长沙买房，在当时看来是非常明智、完全正确的。可是几年后，跟在北京买房比起来，证明那个决定其实也一般。"

作业

写出你对孩子的担心，看看哪些担心是多余的，是不以你的意志为转移的。例如孩子长大后没有好工作，这个就是多余的担心。事实是，如果没有好工作，你担心和不担心都是一样会发生的。

练习

每天晚上临睡前，请想象自己如婴儿一般躺在妈妈的子宫里，无论何时何地，妈妈随时保护我们，感受一下那种被照顾得很好的感觉，感受来自母亲的细心呵护，同时对自己说："这个世界是安全的，我是被保护的；这个环境是安全的，我是被保护的；家是安全的，我是被保护的；所有的存在都是安全的，我是平安的，我相信我的一切都会被很好地照顾。"

第15章

父母是要成为孩子的“管教者”吗?

我们在一生中扮演着各种各样的角色，领导的角色、下属的角色、父母的角色、丈夫的角色、妻子的角色、儿子的角色、女儿的角色……每一个角色都有相应的义务与责任要承担。今天我们重点讨论如何扮演好父母这个角色?

父母的第一重角色是保护者

孩子刚生下来，需要我们提供给他一些最简单的生活必需的东西，比如，如果你不提供给他吃，他会饿死；如果你不给他衣服穿，他会冻死；甚至睡觉时，一不小心被被子捂住，都会夺去他的生命，因为一个婴儿是没有能力照顾自己的。我们要保护孩子的安全以免夭折。父母的第一重角色是保护者。

保护者而非控制者

保护如没有站好位置，就变成了控制。

有太多家长，一生都在充当孩子的控制者而不自知，哪怕这个孩子已经成年了、成家了。人才招聘会上，不乏求职者在父母的陪同下一起来应聘。在应聘过程中，只是父母向用人单位咨询和交流。很多的家长，从幼儿园开始，就给孩子找最好的幼儿园，小学、初中、高中一直是好学校，孩子上什么样的补习班、发展什么样的兴趣爱好，父母都规划好了。等高考完了，再帮孩子挑选专业，大学毕业后，便动用关系给孩子找一份工作。找好工作以后，再用自己多年的积蓄给孩子买房，发动亲朋好友给孩子介绍女朋友，然后再拿钱出来给孩子办婚事，最后再帮孩子带孙子。孩子在父母的“保护”下，失去了奋斗的勇气、失去了体验和应对挫折的机会，导致他长大遇到一点挫折，就可能一蹶不振，对生活失去希望，严重者还可能因此失去生命。

不要控制孩子尝试和体验

记得我儿子四岁多的时候，在他幼儿园的后面有一个小花园。小花园里面有喷水池，喷水池是一个用砖头砌起来的圆池子，比地面高 30-40 厘米左右。每天都可以看到有很多小孩子到那儿去玩，并且都喜欢到喷水池的台面上走。很多爷爷奶奶包括父母，只要一看到孩子爬喷水池，就会大喊说：“下来，下来，太危险了，会摔下去的，不能爬上去。”然后把孩子从上面拽下来，或者把孩子拉住，不让爬。

与他人不同，我允许儿子在上面行走，同时我会告诉他：“宝贝，你需要慢慢去掌握身体的平衡，我们来体验一下。”于是我先牵着他的手，让他自己去感知身体的平衡，练习走一会，同时告诉他：“你可以先慢点。”当看到他能够自如行走时，我就会放手。

我们需要教给孩子的是安全知识、是小心谨慎，而不是控制孩子的各种活动。通过这些活动，孩子会逐步培育出自信、学会自我保护。

孩子在做事的过程中，逐步培养出自己的能力。遇到有可能出现的危险，孩子想要去尝试，我们可以协助他、保护他，同时教会他预防风险的安全措施和方法，而不是一味地控制孩子，不让孩子去尝试，比起尝试可能带来的危险，控制孩子在短期看来可以保护孩子不受伤害；但从长期来看，则会把孩子养得很娇弱，甚至削弱孩子的学习能力。在可控的安全范围之内，收起我们常说的“不可能”、“不可以”、“不行”等词汇，而是告诉孩子怎样做更安全！

不去包办，孩子便承担与成长

记得儿子读三年级时的一天，他的视力表找不着了，于是，他从其他同学那里借了一个视力表回来。然后，我拿到复印店里给他复印，可视力表是很长、很窄的那种，复印店里没法复印出一模一样的，只能复印在几张A4纸上。给他拿回来的时候，已经十点了，他说太困了，于是去睡觉了。他睡着后，我就想："要不要帮他粘好呢？"可后来我一想，他已经长大了，这是他自己的事情，就算他第二天早上没把视力表上交给老师，因而受到老师的责罚，对他来说也是一种成长。更重要的是，他自己的事情应该由他负责，我应该放手。于是，我完全释然，然后去睡觉了。

没想到第二天早晨，他五点半就起床了。他自己用剪刀，把它剪成一小段一小段，然后用胶水粘上，弄成跟原件一样长度的视力表。原来前一天晚上睡觉前，他就把闹钟设置好了，由平时的早上六点设置成五点半。

如果换成其他很多父母，他们会赶快替他做完，否则心里不安，生怕孩子遭到老师的批评。如果孩子的事情让他自己学着去解决，孩子便学会了承担和责任，还会去思考、学习解决生活中出现的问题，否则，孩子便学会了依赖和不负责，遇到问题便想得到别人的帮助，没法独立。

孩子在前、家长在后

我时常对孩子们说："尽情地去做你想做的事，哪怕没做好也无所谓，妈妈永远支持你、永远爱你。"前面讲过，人有安全脑，能感觉到安全的需要。请你想一下，你的前面有一条路，你可以随便走，走累了，你知道你的后面有一个人，你想往后倒时，他会把你接住，你的心中该是怎样的一种踏实和安全；同样，你的前面有一条路，可是前面站着一个人，你想往前走，他却把你的路挡住了。你走累了，想往后倒时又没有人接住你，你会摔疼，你心中是什么样的感觉呢？是不是有愤怒、无奈的感觉呢？

做好孩子的保护者，而非控制者，就是要站对位置，这个位置就是孩子在前、你在后。

你可以在后面协助他、保护他，但你不能在前面阻止他、替代他。如果他痛了，你可以帮他揉；如果他哭了，你可以帮他擦眼泪；如果他有困难，你可以跟他一起面对，而不是孩子一痛、一哭、一遇挫折，我们就帮他摆平一切，或者干脆把他护在羽翼下，不让他去经历，如果是这样，你就跑在了前面，站错了位置，变成了控制者而非保护者。

父母的第二重角色是全身心的陪伴者

基于各种生活、工作上的原因，很多孩子现在被放在爷爷、奶奶家或姥姥、姥爷家里，或者被放在全托幼儿园里。我们尽最大努力照顾孩子的身体，却很少关注孩子的内心世界……我们要赚更多的钱、获得更大的成功，以便给予孩子很好的物质条件。但对于孩子来说，只是在不断地体验着“怎么父母不管我的需求、我的感受”的感觉，孩子的心没有归属感，承受着被抛弃的感觉。

全身心陪伴孩子的时间有多长？

父母不在身边或者一年当中只有几天在一起，这样的孩子缺失了父母的陪伴。可现实是，很多孩子在父母身边长大，也没有得到充分的陪伴，很多父母是人在心不在。现在都只有一两个孩子，父母陪伴孩子的时间应该更多才对。可是曾经有人对中国的父母做过一项调查：每天全身心地关注和陪伴孩子的时间是多少？调查结果让很多人大吃一惊，中国的父母最习惯关照孩子，可是平均每天全身心地陪伴孩子的时间只有六分钟。六分钟，这是一个多么可怜的数字。

孩子不接受敷衍式的陪伴

父母每天围着孩子团团转，难道不是全身心的陪伴和关注吗？在地铁上，我常常看到的现象是，孩子一个人在玩耍，坐在旁边的父亲或母亲，正在看手机或打游戏或接听电话。在饭店里吃饭，年轻的父母带着一个三四岁的小孩儿在桌旁坐下，点完菜，他们三个人各自拿着一个手机打游戏，谁也不跟谁说话。这就是我们对孩子的陪伴！人在一起，心却不在一起。

周末了，父母陪伴孩子去电影院看电影，一个镜头出来，里头的主人公什么都吃，而且吃得很香，这时候母亲说：“你学学人家，别人啥都吃，就你最挑食，回家后改改你这个毛病。”这就是我们对孩子的陪伴，陪伴便是说教或批评。

工作和挣钱固然重要，可是孩子的成长是一条单行线，错过了就无法弥补。我们用十个小时来工作，我们可不可以用半个小时全身心、毫无杂念地陪伴我们的孩子呢？在这半个小时里与孩子同在，去跟孩子做心灵的联结，跟孩子一起在地上打滚、大笑。这三十分钟，你完全属于自己的孩子，这三十分钟的陪伴比我们跟孩子在一起十个小时的“人在心不在”的陪伴更有效。孩子能够感觉到你是真心实意地在陪他玩，还是敷衍地在陪他玩。

教育孩子最重要的因素是浪费时间

爱一个人就意味着给这个人时间。卢梭曾经说过：“教育孩子最重要的因素是浪费时间。”这个浪费是加了引号的。这是在提醒我们做父母的，爱你的孩子，就要给他全身心关注的时间。这是一个太空时间，两个人愉悦地在一起，这样愉悦的时间越多，孩子的细胞记忆的快乐就越多，孩子长大后会更加乐观、更加积极向上。

因为孩子要跟父母去做内在连接，如果没有连接好，孩子感受到的是被遗弃、不被重视、无聊、无助，他的行为就一定会出问题，例如注意力不集中、脾气暴躁、情绪低落、自卑、感觉没有价值、学习力不强等。

我不会做一辈子的总统，但我一辈子都要做一位好父亲

不久前，美国前总统奥巴马的大女儿玛利亚考上了哈佛大学，这个有着全世界最忙父母的孩子，却享受着最优质的陪伴。奥巴马曾经说过，自己最骄傲的一件事就是，在长达21个月的总统备选战中，他从来没有缺席过一次女儿的家长会。从议员到总统，无论身居什么样的位置、有多忙碌，他都会抽出时间，尽量陪在玛利亚身边。他经常带着两个孩子到书店，还挤出睡前阅读的时间陪着玛利亚读完7本《哈利·波特》。“我不会做一辈子的总统，但我一辈子都要做一位好父亲。”孩子需要陪伴的时间真的很短，等他长大了，他会有自己的工作和生活，你再想陪伴都将变得奢侈。

什么是真正的陪伴？

当我们放下所有的要求、控制、评价，变成真正的存在，跟当下这个真实的人在一起，注意力放在孩子身上，给孩子营造一个充满接纳、尊重、理解、相信、允许五大要素组成的爱的环境，这就是真正的陪伴。

真正的陪伴能够使孩子与你之间产生美好的连接，这样孩子的心灵便有了归宿，孩子连接到的是父母的爱，孩子的行为便会表现正常，例如自信、上进、学习自觉、爱帮助人、听老师和父母的话等等。否则，孩子与你在心灵上没有连接或连接的是负面的感觉，家长和孩子虽然同在一个屋檐下生活，但孩子的心灵却成了一个流浪儿、一个乞丐。孩子的行为便会表现不正常，例如撒谎、沉溺于网络游戏、叛逆、在校不遵守纪律等等。因为他内心体会到的是被抛弃、被忽视的感觉，在意识层面，你是他的父母，你给他吃穿，他应该爱你，可是，人还受着潜意识的支配，看不见的支配看得见的，所以在潜意识中，孩子会恨你。

耐心等待孩子成长

在陪伴之中，还有一点非常重要，那就是耐心等待。

孩子，慢慢来

2017 年，我带着不到 3 岁的小闺女去了一趟越南芽庄。同行的还有几个好朋友，其中有一个朋友也带着她的小闺女，年龄跟我闺女相仿，只是她还带着自己的母亲一起去。天气很热，我家小闺女经常会大声哭泣，一天要哭个十来回。而另外那个小闺女基本不哭。同行的妈妈看着她哭，就说：“你看，那个小朋友都不哭，你老哭，不乖了。”甚至有妈妈说，你该好好教育一下她。

这些妈妈都是好心，只是我明白，没有两个小孩是一样的，有些人喜欢哭，有些人不喜欢哭，一个人如果连哭都不被允许，该是多么压抑！而且你见过一个长到十岁，还一天哭好多回的孩子吗？有一位名人说过：“一个人只有学会了哭、才能学会笑。”我就耐心陪伴她，每当她哭的时候，我就替她擦干眼泪，并且对她说：“如果你想哭，你就哭；如果你想笑，你就笑，无论如何，妈妈都会一直在你身边爱着你、陪着你。”

因为我的耐心陪伴，孩子不哭的时候，眉梢、眼角都是带笑的，而且笑起来的时候是那么开朗、大声。而我去幼儿园接她放学时，我发现很多孩子都面无表情或者表情很严肃。这个现象发生在这个年龄段的孩子身上其实是不正常的。

有一本绘本《安的种子》值得大家一读，书中有段话是这样说的：“每个孩子都是一朵花的种子，只不过每个人的花期不同；有的花，一开始就会很灿烂地绽放；有的花，需要经过漫长的等待才会绽放；不要看着别人的怒放了，自己的那朵还没动静就着急，相信只要是花，都有自己的花期。”国家法律规定一个人过了18岁才算成人，而大脑的发育要历经22年的发展才能成熟。成长是一个大过程，成长需要时间，成长从来就不是一蹴而就的，而生命的成长因其差异性、独特性更需要耐心等待。

世上没有完美的人，也没有完美的孩子。教育家蒙台梭利说：“每个人的成长都有一个程序，他在某个年龄段该领悟什么样的问题，其实是固定的，你没法强求，过分人为地干预只会毁了他。”孩子的成长有其自然发展规律，拔苗助长只能适得其反。更何况，一个人的一生就是一场马拉松，几十年的时间都是要去长跑的，所以不必急于一时，要耐心地等待孩子的成长。

阿尔卑斯山谷中有一条风景优美的大路，路边有一块标志牌，上面写着：“慢慢走，欣赏啊！”劝告游人放慢脚步欣赏美景。我也希望父母放慢脚步，陪伴孩子一起成长。所以我把那个标志牌的内容改一下，希望大家记住，“慢慢走，我陪你”。

父母的第三重角色是做孩子的生命教练

市面上太多的书，包括很多专家，都在提倡管教孩子，这样我们必然走到一条歧路上。

孩子成长依赖于自己，而不是父母和老师的管教

NLP（大脑神经语言程序学）认为，每个人都拥有快乐、成功的资源！北大刘丰教授也讲：“每个人本身圆满具足。”蒙台梭利更说：“儿童的品格、人格、智力的形成完全依赖于他自己，根本不依赖于成人。”

孩子很小的时候，孩子很勇敢，摸不得摸得的东西都要去摸一下，古人云：“初生牛犊不怕虎。”孩子小的时候，不断地向你提出各种问题。孩子喜欢学习，学习是人与生俱来的本性。当孩子还是婴儿时，对着认识和不认识的人，张开嘴就笑，你逗他他笑得更欢，孩子很快乐。这些美好的特质已经在我们的身体里，需要的是激发而不是管教，正如智育不在于灌输，而在于激发独立思考和学习的兴趣；德育不在于灌输道德规范，而在于激发崇高的精神追求。父母教育孩子最根本的目的，是把孩子的潜能激发出来，最终让孩子成为最好的自己。

“管教”科学吗？好使吗？

“管教”的背后折射出我们的自以为是，我们自以为自己“知道”什么对孩子是最好的，我们自以为自己懂得孩子需要什么，以为自己知道问题的答案，以为自己明白孩子做一件事情背后的动机，以为自己了解这个世界的秘密和万事万物发展的规律。我们很多人就是在这样一个不知不觉的状态中“管教”孩子，这样的教育方式科学吗？

管教是什么？打个比方，有可能你的孩子按照他的内在发展，是一株橘子树，一株能结出最甜的果实的橘子树。可是你认为现在市面上苹果值钱，就开始按照苹果树的标准去要求，最后橘子树长成了苹果树，可结出来的果实却是苦涩的。靠压制和管教，可以暂时让一个人屈服于你，又因为父母掌握着经济特权，在家庭中占据主导地位，在他没有能力与你抗衡时他会忍受，时间长了，一旦他有能力与你抗衡，他必然奋起反抗。

思想家卢梭说过，三种对孩子不但无益反而有害的教育方法是：讲道理、发脾气、刻意感动。这句警言已存世百年，而这三种方法却是父母最习惯使用且一直在使用的方法。

那该用什么样的方法呢？

有没有比“管教”更好的方法

让我们一起来看一个小故事。

什么是道德？

这一天，苏格拉底像往常一样，来到市场上。他一把拉住一个过路人说道："对不起，我有一个问题弄不明白，向你请教。人人都说要做一个有道德的人，但道德究竟是什么？"

那人回答说："忠诚老实，不欺骗别人，才是有道德的。"

苏格拉底装作不懂的样子又问："但为什么和敌人作战时，我军将领却千方百计地去欺骗敌人呢？"

"欺骗敌人是符合道德的，但欺骗自己人就不道德了。"

苏格拉底反驳道："当我军被敌军包围时，为了鼓舞士气，将领欺骗士兵说，我们的援军已经到了，大家奋力突围出去，结果突围成功了。这种欺骗也不道德吗？"

那人说："那是战争中出于无奈才这样做的，日常生活中这样做是不道德的。"

苏格拉底追问道："假如你的儿子生病了，又不肯吃药，作为父亲，你欺骗他说这不是药，而是一种很好吃的东西，这也不道德吗？"

那人只好承认："这种欺骗也是符合道德的。"

苏格拉底并不满足，又问道："不骗人是道德的，骗人也可以说是道德的。那就是说，道德不能用骗人不骗人来判断。究竟用什么来判断它，还是请你告诉我吧！"

那人想了想，说："不知道道德就不能做到道德，知道了道德才能做到道德。"

苏格拉底这才满意地笑了起来，拉着那个人的手说："你真是一个伟大的哲学家，你告诉了我关于道德的知识，使我弄明白了一个长期困惑不解的问题，我衷心地感谢你！"

读完这个故事，你得到什么启示呢？苏格拉底曾经说过，最好的教育就是提问题，而不是给答案。父母用宽广的格局和卓越的思维去引领孩子，通过强而有力的提问，让孩子自己去寻找到答案，而不是——管教。

引领就是不断地去启发孩子的思考，而且是深层次的思考。在思考的同时，让孩子去经历、体验这个过程，并且看到图像。一幅图像胜过千言万语，当他自己亲身经历了，他就会发生改变。人对于自己得出来的结果会更愿意在实际的生活中去执行，对于别人给的建议和想法是不太愿意去实施和执行的，所以请用启发、引领代替说教。

你站对位置了吗？

父母有三个角色：保护者、陪伴者、引领者。保护而非控制；陪伴而非人在心不在；引领而非管教，你的角色扮演得如何？我期望，天下的父母做好这三个角色，跟我一样，体会到教育孩子是一件多么轻松、快乐、有趣、有成就感的事情。

引领故事：每个人都很棒

儿子上四年级时，他的班主任基本不表扬人。有一天，班主任表扬了他，他非常高兴地对我说，“妈妈，今天班主任表扬我了，表扬我之后，我站起来给他们做了一个 10 分钟的演讲，全班鼓掌。”

我说：“很棒，妈妈为你高兴，你一直都在努力，你一直都做得很好，我们俩去庆祝一下吧。”

于是，我们俩来到肯德基，点了吃的东西，坐下来。

我说：“宝贝，你在爷爷家看见过稻谷成熟的样子吗？”

儿子说：“看见过。”

我说：“稻谷成熟后，米粒饱满，都会往下低着头，而成熟后的稻谷，如果壳里是空的，就不会低着头，而是向着天上，这个现象让你想到什么呢？”

儿子说：“这个很有意思。”

我说：“是的，内在越有东西越会低头，正如人一样，越有知识的人越懂得谦卑，知识如同海洋，意味着怎么学都学不完，你说对吗？”

他说：“是的，你看，我们每年级都在增加新的学习内容。”

我说：“伟大的爱因斯坦说过，我们对 99% 的事物的了解，远不到 1%。这么智慧的人还说这样的话，而我们跟爱因斯坦相比呢？”

儿子说："需要去探索的东西很多。"

我说："班主任表扬你是对你这段时间在校表现的肯定，班上还有很多老师眼里所谓的差生，就算你们班上最爱打架的几个男生，虽然打架的行为不对，可他们敢于打架，他们的勇气值得肯定，你说对吗？"

儿子点点头。

我说："你看，哪怕最不好的人，他身上也有值得我们借鉴的地方，俗话说，尺有所短，寸有所长。你今天是不是又进一步理解这句话的意思了？"

儿子说："是的。"

我说："儿子，想象一下，这个世界只有你一个人，会怎么样？"

儿子想了想，认真地说："那估计我也很快完蛋。"

我们俩都笑了，然后我说："每一个人身上都有值得肯定和赞赏的地方，让我们俩一起去体验吧。"

于是，我们俩开始拿出笔和纸，写下班上熟悉的每个同学值得肯定的地方。一个人越能够看到别人的优势，就越能够看到自己的优势，同时能够避免自大和自我。

作业

请安静下来让自己放松，想一想，孩子和你之间的关系如何？在你的心目中，他实际的心理年龄是几岁？想想你是在前面拉着他走还是站着他后面？想想你在陪伴时，是不是有足够的耐心？是全身心地在陪伴吗？未来你如何用五大要素去创造一个充满爱的陪伴环境？你会如何用问话的方式来跟孩子交流？可以写出具体的场景和实例。

练习

我与孩子

花点时间仔细地想想，想出孩子身上你不喜欢的品质，一一列出来，或者你想要他改变的事，也一一列出来。

现在，深入内心问自己，一项一项地问：“我身上有吗？我什么时候做过一样的事情？”

闭上眼睛，留出足够的时间来做，然后问自己是否愿意心甘情愿地改变。当你能够改变的时候，孩子也会改变。

第 16 章

父母怎样保持内心平和，提高孩子的情商?

早餐风波带来的思考

有一天早晨，儿子在床上说肚子饿，想早一点吃早餐。于是，奶奶 6 点 30 分就起床把早餐做好了。喊他过来吃的时候，孩子不着急，硬要找剪刀。奶奶说:“吃完再剪，要不饭菜都凉了。”儿子还是坚持找剪刀，自己去房间里找了一圈没找到。这时候，奶奶非常生气地从厨房走到卧室，拿出剪刀，狠狠摔在他的面前，同时大吼:“早晨说肚子饿，这会儿又不吃饭，一早起来要剪刀，拿去!”

这一声吼，年近不惑的我都被吓了一跳，孩子更是吓得不说话了。如果孩子在家中，经常遭遇这样的状况，那对他会产生怎样的影响呢?

父母的情绪不平和，对孩子来说是灾难性的

当一个孩子的内在情绪太多时，他的注意力就会被干扰。当他在思考、读书以及人际交往时，他却总是在琢磨，妈妈怎么那么凶?我哪个地方做得不好呢?遇到父母发脾气，我应该说什么、做什么呢?为什么爸爸妈妈要吵架?为什么妈妈要打我?为什么爸爸无缘无故地发脾气?我说的话没有问题，为什么妈妈不高兴?为什么说同样的话，妈妈有时候没发脾气，而有时候又发呢?太多的精力用在回应内在声音，内心充满太多的困惑和纠结，人的生命力就被卡住了。

《为何家会伤人》一书中介绍，长期冻结的情绪抑制了九成的智能运作。日后遇到某些类似的刺激时，会强迫性地采用早年的应对策略，储存的情绪就像一张破唱片，只会重复唱相同的过去储存的歌。试想一下，当你大发雷霆的时候，要你去做理性的思考，这是多么困难的事，当人们不

受情绪干扰时，脑细胞可以对任何新的刺激做出灵活的反应（见下图）。

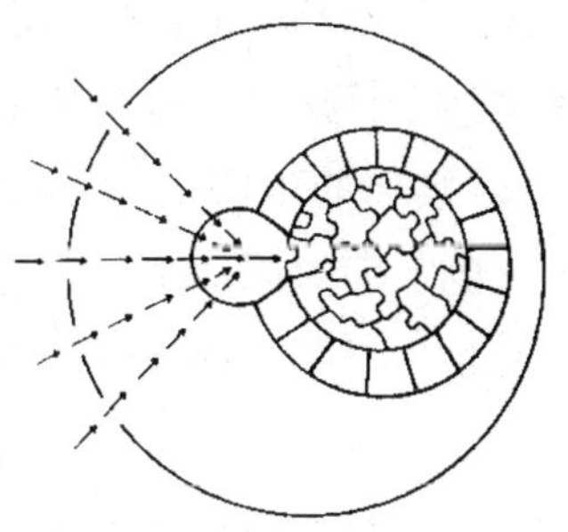

长期冻结的情绪抑制了九成的智能运作。日后遇到某些类似的刺激时，会强迫性地采用早年的应对策略。储存的情绪就像一张破唱片，只唱相同的歌。

我妈妈就是一个情绪极不稳定的人，小时候，我不知道她什么时候会发脾气。我的理智告诉我，父母是爱我的，可是我的感受、我的心却不接受，内心感受到的是父母反复无常，让我害怕，我只能以优异的成绩去讨好她，小小年纪就变得察言观色、谨小慎微。外表看似优秀，可是只有我自己知道，我的内心中受着怎样的煎熬。长大后，非常没有安全感、控制欲和占有欲很强、内心充满着恐惧，而且也以大声吼叫的方式对待自己的爱人和身边的人，亲密关系和人际沟通出现问题，让我陷入深深的痛苦中，甚至一度想轻生。这一状况持续多年，直到我学习了相关课程之后才发生了改变。

情绪产生的根源来自你对人事物的评判

上面这个例子，大家看到情绪是怎么产生的吗？心理学上关于情绪有一个 ABC 理论：A 是指引发你情绪的事件；B 是指你的信念和你对事情的诠释；C 指的是后果，即你的情绪。举个例子，如果一个人说你是猪（事件 A），你内在的信念将这句话诠释为一句骂人的话（信念 B），于是你便生气了（情绪 C）。当人们在 C 的时候，都会去找 A 的茬儿，尤其是与创造 A 有关的人的茬。可是我们不知道，引发 C 的不是 A，而是 B。

上面的这件事情，奶奶的心理活动过程是如下演绎的：孙子不来吃东西（A），然后奶奶心中的 B 会认为：东西凉了，吃了对胃不好；你不来吃饭却要找剪刀，不听我的话，这样不对。我的权威受到挑战，我感到不被重视，不被尊重……因此生气的情绪（C）出现了。表面上看是因为孙子不来吃饭的行为导致她生气，其实是她自己内在的信念和对这个事情的诠释所引起的。

对同一部电影，有人流泪，有人无动于衷，为什么？因为对事情诠释的角度不同。譬如有人在街上把你劈头盖脸地骂一通，你的内心是不是会升起一股无名火，你会很愤怒，想还嘴甚至打对方。可是如果你得知骂你的人得了精神病，脑子不正常，这个时候你的内心会是一种什么样的感受？你可能还有点同情，赶快躲得远远的。面对同一个人，对方的行为一样，可是你的反应不一样，为什么呢？是你对事情的诠释发生了变化，呈现出来的是截然不同的情绪和反应。

在对事情的诠释上，我们太喜欢评判了："这个是对的，这个不对。""你错了，错了还不知道改正！""你说的一点都没有道理，你应该这样做，不能那样做。""你不能做那个，你要学那个，学那个将来有出息"……

我们依据什么来评判？依据自己内心的信念系统。信念就是你相信什么，什么就是对的。例如你相信"早恋会影响学习"，那你就认为早恋不好，假如孩子早恋了，你责骂他时会觉得理所当然，因为你认为你是对的；你相信"吃肉对身体有害"，于是认为吃肉不好，你看到别人吃肉，你就很反感，甚至痛恨他们残害动物，你也认为你很有道理。请记住，"正确"是针对你的目的和企图而言，不是针对事实或事情。

然而，你是否做过下面的思考？

你评判孩子的"对与错"是真的吗？

人活在"意义"的领域里，没有人能掌握生活的绝对意义

大脑无时无刻不在搜寻意义，我们活在"意义"的领域中。如果没有意义，我们都不知道该怎么生活。例如钻石就是一块石头，在婴儿的手中，钻石和石头是一样的，而成人却会赋予它忠贞的爱情的含义。我们通过赋予现实意义来体验世事，可以这样说，事情本无意义，都是人们给它赋予意义。

爱迪生说："我们对 99% 的事物的了解，远不到 1%。"意义是人为赋予的，而又没有人能掌握生活的绝对意义，赋予的这些意义有可能是不完整的、不完全正确的，那么便没有办法主观评判对与错。请记住，事情就是事情，划分对与错是因为我们赋予的意义。孩子刚刚生下来的时候，他

是一张白纸，他不知道他的名字、出生地和父母。在他成长的过程中，是我们将很多我们自己都没有审视过的词汇，例如挫折、失败、胆小、错误、愚蠢等这些负面性的语言灌输到孩子的心目中。

什么叫挫折、什么叫失败、什么叫胆小，都是人定义的。既然这样，如果你不给他定义为失败，他就不是失败。正如爱迪生发明灯泡，有记者问："爱迪生先生，你发明灯泡，失败了 1000 次才发明成功，实在太不容易了。"听听爱迪生是怎么回答的："我没有失败，我只是发现了有 1000 种不适合做灯泡的材料而已。"在爱迪生的心目中，他从来没有把每一次材料试验的不合格定义为失败，他把每找到"一种不适合的材料"都当成一次成功。

对与错可以分清吗？

"对"与"错"的定义不但受到时间的影响，也受到地域的影响。例如有些活动（卖淫）在某些地方是违法的，而在另一些地方却是合法的；例如早恋，对于现在来说是不合适的，而在过去的封建社会，基本上 15 岁左右就结婚了。一个人所做的事是否被判定为"错"，实际上与这件事无关，而与他做这件事所处的地域、时间有关，更与你赋予事情的意义有关。

在历史上，也有很多在当时认为是对的、深信不疑的事情，后来却被证明根本不是真的，这样的事例很多。例如，人们一度认为地球是平的，但后来发现事实并不是这样；人们开始认为"地球是宇宙的中心，万事万物都围绕地球旋转"，后来发现这个认知也不对；古时候人们对"打雷闪电"充满敬畏，认为是"神"在作用，随着科学的发展，人们发现这只是一些自然现象……随着科学技术的发展，很多以前认为是深信不疑的东西到后来被证明是错误的，可当时的人们深陷在当时的信念和假说中，对那些所谓的真理深信不疑，而且以此作为评判的标准来行事。好与坏真的没法分清，事情就是事情，是思想让其有对错之分。

所有的思想都是有局限的

我们的思维、我们的眼光、我们的知识、我们的认知都是有局限的，在生命这条长河里，我们就像河里的一条鱼，生活就像大海，我们没法窥得大海的全貌。小时候我们学过《坐井观天》的故事，青蛙在井里往上望，它只能望见井口大小的天，它就以为天只有那么大。

我们以为我们能够看见的就是事实，看不见的就不是事实吗？看不见的就不存在吗？正如冰山，底下看不见的冰山比看得见的冰山大得多；生活之中，我们看不见紫外线，并不代表它不存在；空气中的超声波，都是实际存在着的，只是我们看不见它而已。即使是看得见的东西，人类也并不能感知所有看得见的东西，例如面对同一部电影，不同的人感知的东西都不一样，如果你问十个人："这部电影中，你们看到了什么？"他们的回答差别很大。

对变化中的事物怎么评判？

这个世界上唯一的不变就是变，万事万物都在变化中，这一刻和下一刻已然不同，今天和明天的想法也会不同，那么对变化中的事物怎么去判断呢？况且我们都是用旧有的经验判断未来，用已知判断未知，注定这个评判是无法客观、公正的，注定评判会有失偏颇。

> 我和一个朋友上完学后曾在家乡的单位工作过一年，因都不满足于上班，相约一起去外面闯荡。她要出来的时候，她的父亲百般阻挠，跟她说好话、讲道理、找人调换工作岗位，硬是没有让她出来。她从小是一个乖乖女，于是按照父亲的意愿留在县城继续上班。我比她叛逆些，虽然我父亲也认为一个女孩子留在县城挺好，阻拦我出来，但是我坚持一定要出来，最终跟父亲吵了一架，父亲拗不过我，我就来到了北京，开始北漂。
>
> 刚来北京的时候，工作不稳定，又要租房，日子过得挺苦，而她在县城里，父母出一些钱，爱人出一些钱，房子买了，生活很安逸。她父亲看到我父亲就常说："你以为外面就能有金山、银山，你以为外面就是等着捡钱的，幸好我闺女没去，你看现在在家不也挺好嘛。"
>
> 5年之后，他发现我混得不错，然后他又说："我闺女老是埋怨我没让她出去，要是出去了，肯定比现在更好。"

这岂不是很有意思？

因此，当我们评判孩子对错好坏的时候，要意识到，我们判断的“对与错”并不一定是完全正确的！

评判时请往积极、正面的方向评判

生活中，要完全做到不评判或许不太可能。例如，我们会评判这个工作是不是适合自己？有没有前途？我喜欢不喜欢？买衣服时，我们会评判这个衣服适不适合我？价格贵不贵？在教育孩子方面，因为孩子属于生命体系，生命体系的特征之一是不确定性，未来的发展不是你可以预估的，如果你一定要评判，那请往正面、积极的方向评判。

说到这里，我想到一个真实的故事。

有一个孩子出生时脸上有一块巨大而丑陋的胎记。那紫红色的胎记从左侧眼角一直延伸到嘴唇，好像有人在他脸上竖着划了一刀，面目狰狞吓人，所以同学们都不太愿意和他玩，孩子变得自卑而孤单。

他的父亲发现后告诉他：“儿子，你出生前，我向上帝祷告，请他赐给我一个与众不同的孩子，于是上帝给了你特殊的才能，还让天使给你做了记号。你脸上的标志就是天使吻过的痕迹，天使这样做是为了让我能够在人群中一下子就找到你。”

爸爸还把这个故事讲给孩子的朋友听。朋友们都很羡慕这个被天使亲吻过的孩子，都争着、抢着和他玩耍，他们甚至抱怨为什么自己出生的时候没有被天使亲吻过。

于是，这个孩子不像从前那样自卑了。

诗人爱默生说：“尽可能地去欣赏他人的美德，留给这个世界更美好的事物，不论是一个健康的孩子、一畦花园，还是改善社会状况，只要这世间有一个生命因你的存在而生活得更自在，那就是一种成就。”去欣赏你的孩子，从正面去看待孩子，孩子会成长得比你想象的更好。

接纳事实，放下判判——淡定、平和就会到来

威廉·莎士比亚曾说："事情本身并无好坏之分，一切皆因人心所向。"

想一想，三十多年前，刚开始有股票时，很多人认为不能买，买股票是一个错误的选择，可结果是，早买的那些人都发财了，没买的人都悔不当初。我有一个姐姐，年轻的时候自己开钢琴培训班，非常赚钱，后来遇到别的创业机会便放弃了，当时很多朋友都认为她应该继续开钢琴班，认为她转行是很不对的。可是十多年过去了，这个姐姐不仅在事业上更成功了，并且还帮助其他很多人获得了成功。

一件事情发生了，对于你来说无论是好是坏，学着去接纳事实，因为抗拒事实除了让你痛苦以外，没有任何意义。更何况，当时发生时认为是坏事，几年后发现坏事其实是好事，这样的例子有很多。比如明星贾静雯，跟第一任老公离婚看似是坏事，可如今呢？不离婚怎么能遇到现在非常爱她的老公，她说："生命才感觉到精彩、有活力。"

印度伟大的哲学家和灵性导师克里希那穆提，曾在一次演讲中问："你们想知道我的秘密吗？"众人立刻竖起耳朵，很多人已经听他的课三十年了，可还是无法领会其中的精髓，所有人都太想知道了。只听大师慢慢地说："我不在意任何已经发生的事情，这就是我的秘密。"大师知晓"对与错"、"好与坏"都是幻象，都是头脑赋予的意义，他们允许事实存在、接纳事实存在。

没有谁能看到生活的全部真理，没有谁能未卜先知，我们是不是也常说："早知道就好了，真后悔当初……谁知道事情会变成那样呢？"我们不是神，没法窥得生活的全貌，所以我们要学会接纳事实、臣服事实。放下评判，去相信一切都是最好的安排，这样包容心就会升起。当能够包容世间万物时，内心就会升起和平。懂得包容的人，堪称智慧的人。宇宙里发生的事情都是完美的，如果你能看到那些你认可甚至反对的事情都是绝对完美的，你就成了智者，成了生命中的大师。

每一种情绪都有其意义，都要接纳它

我们常常有哪些情绪呢？快乐、愤怒、恐惧、悲伤……情绪有好坏之分吗？很多人认为有的情绪尤其是悲伤、痛苦等负面情绪是不好的，快乐、

喜悦这些情绪是好的。这是对情绪的一个认知误区，其实情绪只是如实地反映了我们内在的心理状态，情绪本身没有好与坏，好与坏是我们自己赋予它的。

小时候，我特别不喜欢吃苦瓜。父辈知道苦瓜是去火的，所以我妈常常逼着我吃苦瓜，可是我觉得苦瓜太苦，不好吃，就常常抗拒着不吃。二十多岁的时候，我独自离家去外面工作，有一次，跟朋友在饭店吃饭，朋友点了一份苦瓜煎鸡蛋，吃了这一次苦瓜，感觉到只有一点点的苦，而且这种苦还非常让人享受，从此我爱上了吃苦瓜。或许是经历过的事情多了，再也不觉得苦瓜的这点苦算什么了。

大千世界，天然食物里有苦的、甜的、酸的、辣的……自然界提示我们，有苦有甜乃生活，有过痛苦才能更好地体会欢乐。我们活在一个二元的社会中，我们认识事物是靠体验。体验了痛苦和快乐，你才能比较，哪个是你最喜欢的。如果不比较，你的理解就没有这么深刻。台湾著名作家林清玄说："唯有生命里有喜乐、有悲伤，生命才是多层面的、有活力的、有深度又能发展的。"

如果只有一种情绪，也会让我们很麻烦。一起来看看下面这个小故事。

只会笑的小木偶

一天，老木匠做了个小木偶。小木偶有鼻子有眼，能走路，会说话。老木匠左瞧右瞧，总觉得小木偶脸上还少点什么。少了点什么呢？老木匠怎么也想不起来。

"你知道吗？"老木匠问小木偶。

"不知道。"小木偶板着脸回答。

老木匠一下子想起来了，小木偶脸上缺少的东西是笑！"笑是很重要的。"老木匠对自己说："谁要是不会笑，谁就不会过快乐的日子！"老木匠拿起他的刻刀，在小木偶的脸上添了一个笑嘻嘻的表情。

"现在好了。"老木匠为小木偶收拾了一个红背包，把他送出了家门。

"走吧，外面的世界大着呢！"老木匠对小木偶说。

热闹的大街上，小木偶兴冲冲地大步向前走。一只小红狐跑过来，很亲热地说："嗨，小木偶！你的红背包真漂亮，让我背一下好吗？就背一下。我想看看这种红和我的毛色是不是相配。"

"好的。"小木偶说。小红狐一背上背包就拼命地跑了。小木偶愣住了。等他反应过来，小红狐已经跑出去好远了。

小木偶有两条长长的、灵活的木头腿，他很快追上了小红狐，拽住了小红狐毛茸茸的大尾巴。

"放开！放开！"小红狐拼命挣扎。

"吵什么呢！"一只穿警服的熊过来把他们分开。

"报告警官，他抢我的包！"小红狐撒谎一点儿都不脸红。

"那是我的，我的，我的！"小木偶尖叫。

熊警官看看小红狐，小红狐满脸的愤怒；再看看小木偶，小木偶一副笑嘻嘻的表情。最后熊警官拎起小木偶，把他扔出去好远。

小木偶委屈极了！可是有什么办法呢？老木匠只给了他一种表情，那就是笑！

小木偶突然觉得脑袋很疼，只好抱着脑袋蹲下来。一只小兔子走过来，温柔地问："你怎么啦？"

"脑袋疼。"小木偶抬起头，笑嘻嘻地回答。

"嘻嘻。装得一点都不像！你瞧，应该像我这样。"小兔子龇牙咧嘴地做了个痛苦的表情，蹦蹦跳跳地走开了。

一个老婆婆走过来："小木头人，你病了吗？"

"脑袋很疼。"小木偶还是一副笑嘻嘻的表情。

"真不像话，连小木头人都学着撒谎！"老婆婆嘟嘟囔囔地走开了。

小木偶的头疼得越来越厉害了。现在，他真希望自己还是一段没有脑袋的木头！就在这时，蓝鼻子小女巫赶来了，她能用鼻子闻出空气中的伤心味儿。

"你头疼，是吗？"小女巫问。

"是，而且越来越疼。"小木偶可怜巴巴地说。

"那是因为你很伤心，却不会哭。"

"哇——"小木偶放声大哭起来。慢慢地，小木偶不再伤心了，脑袋也不疼了。

"小木偶，我把人类所有的表情都送给你。"小女巫说完，用魔杖在小木偶的脑袋上点了几下。

现在，小木偶会哭、会笑、会生气、会着急，也会向别人表示同情和关心。老木匠说得没错，笑是很重要的。不过，要是只会笑，那可是远远不够的。

当情绪来临时，怎样处理情绪？

每一种情绪都是我们内在感受的一种最真实的表达。面对情绪的时候，大多数人会选择第一种和第二种方式，只有少部分人会采用第三种方式。

第一种方式：压抑、逃避

当我们压抑、逃避情绪的时候，相当于我们的胳膊上长了一个脓疮，久而久之，这个脓疮最后一定会破裂、流血最终溃烂成坑。

据泰州日报报道，1 月 5 日，江苏泰兴黄桥 9 岁男孩小明，独自出门玩耍丢了手机。寻找数小时无果，小明坐在雪地里大哭。最终他还是回了家，母亲得知后非常生气。她用胶布将小明的手脚、身体捆绑起来，不让他反抗；用木棍从傍晚 6 点打到深夜 11 点，打了歇，歇了打，期间只喂了几口水。6 日一早，小明只穿着秋衣秋裤，趴在自己房间冰凉的地板上，永远地闭上了眼睛。邻居们都说，小明的母亲对别人客客气气的，但对小明却"易燃易爆"，三天两头打孩子，下手还狠。甚至还有邻居哭着说，可怜的小明解脱了。

后来这位母亲自己说，丈夫常年不回家，也不给生活费，孩子又不省心，丢了手机又不好好写作业，一气之下才会用木棍打他的，万万没想到，孩子就这样没了。

丈夫没有尽到为人夫的责任，对家庭不管不问，妻子在婚姻中也得不到快乐，慢慢积攒了许多怨气；每天又要工作，工作也很辛苦，长期处于抑郁中。最后因为一件事，情绪积压到临界点之后，情绪完全爆发，一瞬间成了"杀人犯"。

可见，压抑情绪并不是一种最好的方式，如果这位妈妈在平时能够寻找一定的途径疏解自己的情绪，不让它不断积累，这样的悲剧可能就会避免。

第二种方式：不断地表达

不断地表达会变成一种习惯。例如，我们不喜欢一个人，我们会不断地表达，虽然表达能让我们心里感觉舒服一些，可是根本性的问题还存在着。我曾经卖过一个房子给一对夫妇，在我们签合同的一个小时之内，那位丈夫接了好几个电话，而且每次接电话都以火爆口吻结束。

不断地表达负面情绪，就是在给别人和社会倾倒情绪垃圾，让自己和别人都处于痛苦状态，这样的人，自然不会受到欢迎。

第三种方式：转化

当我们面对情绪的时候，最好的方式是去转化它。我们要认识到，每一种负面情绪都能给我们带来正面、积极的价值。对于转化情绪，我们可以找资深心理咨询师进行咨询，也可以用各种专业的方式转化情绪，比如用情绪消融法、情绪释放法、情绪转换法、三位置法等把这些情绪释放掉。当我们释放完这些情绪以后，我们就能够获得真正的快乐和自由。

有一个周末，只有我和我先生以及4岁的小闺女在家。吃完午饭我就出了门，等到下午回来的时候，发现碗还没洗，全堆在水池里，显得很脏乱，而且小闺女已经睡觉了。我火冒三丈，同时感到非常委屈，心里感叹：怎么找了这样一个懒惰的人做丈夫呢？

随后，我又看到，不仅厨房没收拾，客厅里更是乱得下不了脚。很快，我内心充满了愤怒，差点儿就要发脾气。我做了几个深呼吸，找一个安静的地方坐下来。然后，我问自己：我为什么会委屈？想到负面情绪提示表，原来是我的内在小孩受伤了。

当有负面情绪出现时，我们不是去压抑、逃避不管它，也不是攻击别人去表达负面情绪，而是回到自己身上，先让自己放松，然后向自己提问，你的潜意识会给你所有的答案。

这时，我就会想，小时候有哪些经历让我感受到委屈。我想到了，小时候，有些事情我不想做，父母非要我做，我内心中就感到委屈；而且我一哭，父母就说“又没打你，至于哭吗？”这时候我脑海中浮现出一个画面：自己大约七八岁的光景，我在那里抽泣，不敢大声哭……然后我对自己说：“哭泣是可以的，你可以大声哭。”当我对自己这样说的时候，我的眼泪就哗哗地往下流。

哭过后，我很平和地对爱人说：“请你把碗洗了，同时，我也想告诉你，吃完饭就把碗洗了，让家里保持整洁，我更喜欢积极做事的你。”通过这种方式，我的情绪得到了转化，并且疗愈了自己。

改变心境最好的方法，不是去压抑或表达或逃避，而是去检视和转化，就好像我们有一个柜子，里面装满了东西，整理这个柜子最好的方法，是把柜子的门打开，一样一样拿出来检查，有用的就放回去，并摆好位置；一些没用的、次要的东西就舍弃掉。如果从不检视，没用的东西就一直在里面，不仅占用空间，还会时不时掉出来。

负面情绪提示表

负面情绪	提示内容
愤怒	准备对一个不能接受的情况作出改变的行动
痛苦	指引我们去寻找解脱的方向
忧虑	事情很重要，需要格外关注和照顾，已有的信息和能力不足，需培养新能力
困难	以为需要付出的代价比可以获得的回报大
恐惧	不愿意付出以为需要付出的代价
失望	分为对他人失望和对自己失望两种。对他人失望是因为自己无法控制他人而引起；对自己失望是因为不接受自己，感觉自己不够好
悲伤	提醒更加珍惜已经拥有的
惭愧、内疚和遗憾	以为已经完结的部分还未完结；该做的事情还没做
无奈	已知已做的全不管用，需要寻找新的方向
委屈	把小孩需要父母的那种情绪投射在其他人身上，成年人不该有委屈，当你感到委屈的时候，请看到自己的内在小孩的状态
讨厌	我不想在这个地方、这件事上停留
踌躇	一些内心价值的定位尚未清晰
心虚	占了不该占的地方或位置
烦躁	我不该在这里，可是不得不在这里，也不知道要去哪里
愁	缺乏力量，不知道要到哪里去
嫉妒	是一个中转站，假如可以让自己提升，就会转化为动力；假如不能让自己提升，又不接受对方，就会转化成恨
恨	内心狭隘，认知局限

被伤害的真相

我们无法选择已发生的事情，我们也无法选择环境，但我们可以选择我们的情绪状态，你可以选择痛苦、愤怒，当然，你也可以选择包容和平和。因为你的生活不是由生命中所发生的事所决定的，而是由你内在的信念和诠释所决定的，内在的信念和诠释却是我们可以控制的。

禅师的孩子

日本有一位禅师，法号白隐。他修行高深，生活纯净，声名远扬，深受百姓的敬仰与称颂。

白隐禅师所在的寺院附近住着一户人家，家里有一个非常漂亮的女儿。有一天，夫妻俩发现女儿的肚子大了起来，这使他们非常生气，好端端的一个黄花闺女，竟做出这种见不得人的事。起初，她不肯说出那个男人是谁，后来，在父母的威逼下，她终于说出了“白隐”两个字。

她的父母迫不及待、气势汹汹地找到白隐，狠狠地将白隐痛骂了一顿。可是，白隐并没有生气，只是若无其事地说道：“就是这样吗？”

等孩子出生后，她的父母就将孩子送给了白隐。这件事给他造成了很坏的影响，几乎使他名声扫地，但他并没有因此放弃孩子，而是非常细心地照顾好孩子，四处乞求婴儿所需要的奶水和其他用品，在遭到别人的白眼和羞辱时，他总是泰然处之。

在白隐禅师的精心呵护下，孩子一天天地长大了。看见可爱又可怜的宝宝，这位孩子的妈妈，再也忍受不了良心的谴责，向父母吐露了真情，孩子的生父是一位年轻的卡车司机。

她的父母立即带她来到寺院，向白隐禅师道歉，请求他的原谅，并要带走孩子，为他挽回声誉。

白隐禅师还是像当初那样，不急不火，淡然如水，更没有趁机训斥他们。他只是在交还孩子时轻声说道：“就是这样吗？”仿佛不曾发生过什么。即使有，也只像一阵云烟随风而散。

灵性成长大师彼尚老师在他的课上分享过一个例子：龙卷风的外面，风吹得天摇地动，刮倒了很多树木、房屋，卷走了很多椅子、汽车等，可是在龙卷风的风眼之中，永远都是平和的。

真相是：没有人能伤害你，除非你愿意。

人生最曼妙的风景，也给到孩子

人有七情六欲，正是因为这样丰富多彩的情绪，才让我们真真正正地变成一个有血有肉的活生生的人，才让我们能更好地与别人连接，才能让我们更好地体会别人的感觉。每个负面情绪，细心研究下来，都在给人一份推动力、给人一份提醒、给人指引一个方向，也可以是给予一份力量。

譬如我在写这本书的时候，有时候我会觉得烦躁，我就问我自己："我为何感到烦躁？"因为我这会儿不该在这里，可是现在不得不在这里。当我明白这个情绪提示给我的正面意义时，我就会放下手头的工作，去做一些让我放松的事情，譬如冥想、听音乐，等我情绪平和、想写作的时候再来写。

理解了所谓的负面情绪真正的意义和价值后，你就会更容易接纳当下的情绪状态，从而可以去觉察和寻找引发这种情绪的内在信念，看到自己内在的局限性信念，这样你将会像"排雷"一样，慢慢排除安插在我们身上的"情绪地雷"，最终走向真正的内心和平。这是自我管理非常重要的途径和方法，更是培养情商的好办法。

杨绛先生曾说："人生最曼妙的风景，是内心的淡定与从容。"遇上情绪平和的父母，是孩子一生最大的福气。脑科学里面讲过，安全脑、情绪脑和视觉脑都有需求，都需要得到相应的满足。孩子安全感的根本来源，取决于妈妈或者主要养育人的情绪是否稳定。情绪脑更喜欢温柔的声音，而视觉脑只有在放松的状态下才能更好地发育完善。只有在情绪平和的家长面前，孩子才能非常放松。而在情绪不平和的家里，孩子不知道什么时候家里就会来暴风骤雨，孩子就会小心观察着去做事，生怕惹恼了父母，孩子处在一种焦虑、紧张、恐惧的状态中。若安全脑和情绪脑占据主导地位，视觉脑便没法发展。人类所有的智慧，都在我们的视觉脑中，包括我们的潜能。

要想孩子聪明、情商高、积极乐观向上、有理想有追求、人际关系好等，父母的情绪平和是关键。当我们家长自己能够做到淡定、平和的时候，孩子在父母的熏陶下，也能够淡定、平和，成为高情商的孩子，同时智慧得到成长，从而开启更美妙的人生篇章。